[美国] 曼弗雷德 · B. 斯蒂格 著　丁兆国 译

牛津通识读本 ·

全球化面面观

Globalization

A Very Short Introduction

译林出版社

图书在版编目（CIP）数据
全球化面面观／（美）斯蒂格（Steger, M. B.）著；丁兆国译.
—南京：译林出版社，2013.5（2018.11重印）
（牛津通识读本）
书名原文：Globalization: A Very Short Introduction
ISBN 978-7-5447-2977-2

I.①全… II.①斯… ②丁… III.①全球化－研究
IV.①D81

中国版本图书馆CIP数据核字（2012）第133475号

著作权合同登记号　图字：10-2014-197号

全球化面面观［美国］曼弗雷德·B.斯蒂格／著　丁兆国／译

责任编辑　於　梅
责任印制　董　虎

原文出版　Oxford University Press, 2003
出版发行　译林出版社
地　　址　南京市湖南路1号A楼
邮　　箱　yilin@yilin.com
网　　址　www.yilin.com
市场热线　025-86633278
排　　版　南京展望文化发展有限公司
印　　刷　江苏凤凰通达印刷有限公司
开　　本　635毫米×889毫米　1/16
印　　张　18
插　　页　4
版　　次　2013年5月第1版　2018年11月第6次印刷
书　　号　ISBN 978-7-5447-2977-2
定　　价　39.00元

序言

时殷弘

在世界政治经济观察和研究中，作为近年来被使用得最频繁（或近乎最频繁）的一个术语，全球化是个动名词。它远不只是指一种既有的状态，也是指一种能动的过程。这个过程以世界各不同社会的经济、政治和文化生活方式的某些重大方面生成某种趋同为头号主题，在其中跨国和跨社会稠密交往与其变迁效应的范围和深度愈增，改造着所有有关国家、社会和其他人类群体，使之从缺乏全球类同性变成多少具备这样的类同性，从外在于全球体系变成内在于这个体系，而且它们之间的相互关系也变得愈益广泛、深入和复杂。与此同时，这个过程以及上述交往、变迁、改造和趋同总是有它们的限度，人类生活方式的地域—文化差异和政治—社会多样性常在不息，永远是世界的一个基本事实和世界发展的一个基本动因。

在世界现代史以前，无论全球化过程有怎样的部分潜因和雏形性的类似物，少可争议的是全球化本身发端于15世纪末至16世纪初的航海大发现和西方初始扩张，用一位著名的国际政治学家的话说，此时开始创立了取代“旧世界线性体系”的全球“环状构造”。由此初露端倪的原始的全球性政治经济与初生的现代国际体系、现代商业经济和现代思想相伴并互动，到

18世纪后期已经可以使亚当·斯密这位自由主义者形成一个在我看来是最初的全球化理论，而到19世纪中期更能使马克思真正宏伟和鞭辟入里地指出全球化过程已有的历史大貌、根本动因和主要效应，连同它的最一般远景。那时以来，在由马克思启示、伊曼纽尔·沃勒斯坦世界体系论阐发的“世纪性趋势”（包含所谓扩展趋势和深化趋势两者的“增进剥削范围和强度的最长期趋势”）驱动下，全球化促成了种种世界现代史头等重大事态，其中不仅有殖民帝国、美国和法国革命、工业革命和世界大战，而且有非西方现代民族主义和非西方现代大国的兴起，连同真正全球性国际体系的形成。在当今的全球化观察家和理论家们相对新颖的关注中间，很大程度上由全球化导致的各类非国家行为体，尤其是“全球（或跨国）公民社会集团”和跨国公司占有突出的位置，连同它们与民族国家的关系和对民族国家权能的影响。

无论如何，全球化是塑造当代世界基本性质的最主要因素之一。在广度和深度愈益增大的全球化的影响下，与先前的历史时代相比，战争作为国家利益的有效工具的价值总的来说已大为衰减，国际关系的日常首要问题越来越从领土／军事安全转向经济问题和软权力问题，国际经济互相依赖的程度和影响愈益增大，国家在经济、文化、外交和道义影响方面的表现一般来说越来越比它们的军事力量表现重要，同时国家主权在似乎愈益增多的领域受到愈益显著的侵蚀和削弱。然而另一方面，全球化和互相依赖仍有相当大的局限。严格地说，迄今为止全球化只是在发达世界内才造就了（并且是广泛和稠密地造就了）真正的互相依赖。大多数国家在争取得益于全球化的同时，相当广泛地采取和顽强地坚持旨在限制和抵制全球化负面影响的政策，用根本的政治经济学哲理来说，在市场对国家这一关系中，与市场削弱国家的某些权能相对，国家会倾向于抵抗，并且谋求新的权能。还有，越来越明显，世界政治经济中的矛盾和冲突并未像一些自由主义理论观点所示的那样，由于全球化的急剧进展而迅速衰减或消退，反而充斥着全球化进程。摩擦、紧张、对立和冲撞不仅显著和广泛地见于传统的国家间权势关系，而且同样见于非传统的全球性稠密交往和互相依赖构造。

总之，有如我在多年前已经强调的那样，在全球化时代（这只是对我们时代的合理有用但势必简单化和粗略的界定之一），全球国际体系的基本性质的继续与其重大变化趋势两相并存，国家行为和国际安排应有的根本原则新旧相兼，国内社会政治形态和国家政策观念的趋同以及国际关系日常首要问题的转换趋势虽将发展但仍有限；同样在这全球化时代，国际权势结构中会留存就某些地理区域和问题领域而言的单极或霸权状态，但同时也存在越来越有力的多极化或权势相对分散趋势，其中最重要的是非西方强国的兴起，它带来世界政治中主要权势关系模式和规范的历史性创新需要。还有，在这全球化时代，一般而言民族国家目前是，在可预见的未来仍将是个人和社会的主要的安全维护者、身份体现、忠诚对象、福利供给来源和正义促成者，一个更好的世界也在很大程度上依赖国家间合作；然而与此同时，全球体系内跨国公民社会的作用迅速增大，以致用一本著名的全球化研究著作中的话说，成了在主权国家和政府际组织之外的“第三力量”，它与前两者的复杂关系已经成为世界政治研究中尤其重要的议题之一，因为这关系显然趋于在越来越大的程度上参与塑造未来世界的面貌和性质。

我们面前由声誉卓著的译林出版社出版的这项译作——美国教授曼弗雷德·B. 斯蒂格所著《全球化面面观》——是一部佳作。它难能可贵地契合全球化的历史性、多面性和复杂性，以深远的论说、综合的视野和精致的观察，概览和透视了全球化的大部分面貌和性质。不仅如此，它令人赞赏地体现了一种思想方法和立场特征，即在现有的各大类关于全球化的理论或意识形态面前既博采众长，又超越偏颇。这特别是指（像作者在开头着重交代并通篇贯彻的）该书既对全球化的积极效应——就人类生活繁荣、健康和公平而言——“感到欣慰”，并且“欢迎以全球化之名进行的社会结构的进步性变革”，同时又自始至终贯穿一个“批判的声音”，其矛头特别针对全球化的某些特定的表现和趋势，它们不符合多半由当代自由国际主义或“鼓吹全球化者”宣讲的“世界主义的美好景象”，即全球化势必带来一个更为平等与和平的全球秩序。

同样需要强调的是，这部在思想水平和学术品位方面值得称道的著作是一部短作，或用原书副题说是“一番很简短的导论”，并且配以生动和深入浅出的语言、简明丰富的图表和想必同样大得益于课程讲授经验的整套“教学文风”。通过译者的成功的翻译，它们对中文读者甚有裨益。我相信，无论是大学本科生和研究生，还是专业研究者和有关工作者，阅读这本译作都必有可贵的收获，何况当前我们所有人都面对全球性金融危机和经济衰退，面对其政治、文化和意识形态效应，它们已经异常剧烈地告诫世人去认真反思全球化，并且反思关于全球化的现有认识、既定观念甚或简单信仰。

2009 年 1 月

谨以此书献给

我在伊利诺伊州立大学和夏威夷大学马诺阿分校的学生

目录

前言

针对像全球化这样一个复杂的话题写一本简短易懂的入门书,并不是一件容易的事情;而要写一本**非常简短**的入门书,这一挑战就更加令人望而生畏了。因此并不奇怪,在现在仅有的几本关于这一主题的入门书中,作者只选择了讨论全球化的一个方面——通常是新兴的全球经济系统、历史、结构、预期的好处和不足。虽然这些有限的论述有助于解释错综复杂的国际贸易政策,全球金融市场,全球货物、服务和劳工的流动,跨国公司,海外金融中心,对外直接投资以及新型的国际经济机构,但它们也使得一般读者粗浅地认为全球化主要是一个经济现象。

诚然,关于经济问题的讨论肯定是全面论述全球化的重要组成部分,但不应该把两者混为一谈。本书将证实,最好把全球化看成一组多向度的社会进程,而不能把它局限在任何单一的主题框架内。全球化的转变性力量确实已深入到了当代社会生活的经济、政治、文化、技术及生态的各个方面。

此外,全球化充满意识形态的叙述形式包含了重要的**推论**,它给公众提出了一个特定议程;这个议程与它要讨论的话题、要问的问题以及要阐明的主张有关。这些叙述的存在表明,全球化不只是一个客观的进程，而且还是众多定义、描述和分析这一进程的叙事。在有关全球化的这些众说纷纭的说法背后存在着一种社会力量，它想要赋予这一新的流行词语以规范、价值和意义。它不但推进着特定权力的利益并使其合法化，还塑造着几十亿人的个体和集体身份。为了认清这些说法采用的策略，任何介绍全球化的入门书都应该审视它的意识形态向度。毕竟，在课堂、会议室和街头巷尾，人们围绕着应该把全球化看成“好”事还是“坏”事这一问题展开了热烈的讨论。

在本书的写作过程中，作者深刻意识到，全球化研究超出了当前既定的学术领域。它虽然缺乏一个坚实的学科基础，却包含了巨大的机遇。“全球化研究”是一个新兴的学术领域，它跨越了传统的学科界限。它注重全球化研究的跨学科性，要求学习全球化的人熟悉各种学科文献，而以前人们经常孤立地研究这些文献。因此，当今全球化研究面临的最大挑战在于，以某种方式联系与综合各种知识，从而正确对待我们后现代世界日益加剧的流动性和相互依存的本质。总而言之，全球化研究需要一个宽广的跨学科视角，从而能让人一眼窥见“全貌”。长久以来，专家使得学术通才黯然失色，而这样一个全面的思想计划可能会让后者重振旗鼓。

最后，我再说几句澄清的话。虽然本书主要目的在于以描述和解释的方式为读者讲解全球化的各个向度，但细心的读者会发现，本书自始至终都贯穿着一个潜在的、批判的声音。然而，尽管我以质疑的眼光来看待全球化当代形式的本质和效应，但这并不等于说我完全否定这一现象本身。我认为我们应该对下面这一事实感到欣慰：世界正在成为一个日益相互依存的地方，人们将拥有更多的机会认识与接受他们共同的人性。

只要全球范围内思想和商品的流动、技术的飞速发展及更加有效的环保与所有人更高形式的自由和平等保持一致，我就欢迎以全球化之名进行的社会结构的进步性变革。我批判的矛头针对的是全球化某些特定的表现和趋势，我觉得它们并不符合世界主义的美好景象——一个更加平等与和平的全球秩序。

我很想在这里表达一下我的感激之情。首先，我要感谢夏威夷大学马诺阿分校全球化研究中心的同事和朋友，他们自始至终都在支持我的研究工作。我也特别感谢伊利诺伊州立大学的同事，特别是贾迈勒·纳萨尔和莱恩·克罗瑟斯，他们阅读了本书的部分底稿，并提出了有益的建议。我还要深深感谢全世界的众多读者、评论家和听众；几年来，对于我就全球化这个主题的公开演讲和著述，他们提出了富有真知灼见的评论。

感谢夏威夷大学马诺阿分校社会学系主任埃尔登·韦格纳，他为我提供了宝贵的办公场所以及教授社会理论夏季课程的机会。我还要感谢我的研究生助教瑞安·坎尼，她热情地协助了我的研究。

在这里特别值得提到的是我在檀香山全球化研究中心的好朋友，勤奋的研究专家弗朗茨·J.布罗斯威莫，他为我提供了关于全球化历史和生态方面的宝贵资料。还要感谢牛津大学出版社的本书编辑谢利·考克斯，他专业精湛，能力高超。最后，一如既往，我要感谢我的妻子珀尔·贝瑟曼对我不懈的支持。许多人都曾帮助我提高本书的质量，但其中出现的缺陷和不足由我个人负责。

缩略语

AOL	美国在线
APEC	亚太经济合作组织
ASEAN	东南亚国家联盟
BCE	公元前
CE	公元
CEO	首席执行官
CFCs	氟利昂
CITES	《濒危野生动植物种国际贸易公约》
CNN	有线新闻网
CNBC	全国有线广播公司
EU	欧盟
FTAA	美洲自由贸易区
G8	八国集团
GATT	关贸总协定
GDP	国内生产总值
GNP	国民生产总值
INGO	国际非政府组织
IMF	国际货币基金组织
MAI	多边投资协定
MERCOSUR	南方共同市场
MTV	音乐电视
NAFTA	北美自由贸易协定
NATO	北大西洋公约组织
NGO	非政府组织

OECD	经济合作与发展组织
OPEC	石油输出国组织
TNCs	跨国公司
UN	联合国
UNESCO	联合国教科文组织
WTO	世界贸易组织

第一章

全球化：一个有争议的概念

2001年秋，我为一个本科班开设现代社会政治理论课程。此前不久，恐怖分子袭击了世界贸易中心和五角大楼，大多数学生还沉浸在悲痛之中，他们觉得难以理解我在课堂上讲授的内容，无法把宗教激进主义的暴力与一幅展现发达技术、正在进入全球化的现实世界图景联系起来。“我理解‘全球化’是一个富有争议的概念，它有时指自相矛盾的社会进程，”教室后排一个充满灵气的历史专业的学生不无讽刺地向我发问，“但是，电视上那个住在阿富汗山洞里的宗教狂热分子正在谴责现代性和世俗主义，你怎么能认为他的形象充分表现了全球化的综合动因？难道恐怖主义的恶行不正是在表现着相反的一面，即地方主义势力的发展会破坏全球化的进程吗？”显然，这个学生是在指出生于沙特阿拉伯的“基地”组织领导人奥萨玛·本·拉登，他在10月7日通过录像带向全世界发表声明，谴责“国际社会的异端行径”。

强烈的求知欲促使这个学生提出这样的问题，同时我也意识到，全球化作为目前流行的一个术语，它的含义模糊不清；若不借助于现实生活中的事例使它具体化，它会永远让人觉得神秘费解。因此，在继续对全球化作出界定、分析和澄清之前，我们不能以抽象的方式来切入主题。我认为应从上文提到的录像带出发来思考这个问题，答案很快就会水落石出——对那些形象进行的解构分析，为什么会有助于理解全球化这一现象的本质和动因。

解构奥萨玛·本·拉登

那盘声名狼藉的录像带没有日期，专家们估计它是在播出前两个星期内录制的。为了达到最佳效果，录像带的发布时间似乎经过精心策划，正好赶在美国对阿富汗的塔利班和“基地”组织发动空袭的那一天。虽然奥萨玛·本·拉登和他的高级幕僚躲在偏僻的山区，但他们肯定拥有高科技录音设备。而且，“基地”组织成员消息灵通，他们显然能够快捷地利用复杂的信息和通讯网络，在确切的时间掌握有关国际形势。本·拉登曾义正词严地谴责现代性的力量，但正是依靠20世纪最后20年发展起来的高科技，他领导的组织才能得以顺利运行。

为进一步说明这个明显的矛盾，我们可以分析国与国之间复杂的依存链，依靠它，本·拉登的信息才能传送给世界各地的亿万电视观众。录像带从阿富汗东部封闭的大山里一路飞到了首都喀布尔，然后又不知由谁带到了当地卡塔尔半岛电视台的办公室外。五年前，国家出资修建了半岛电视台这一电视网络；作为一个阿拉伯语的新闻时事频道，当时它仅提供有限的几个节目。在半岛电视台设立之前，阿拉伯国家根本就没有最前沿的电视新闻业——如可自由表明立场的公众话题采访和观众可电话参与的现场访谈节目。然而在仅仅不到三年的时间里，在被欧美火箭和宇宙飞船送入轨道的卫星的强大支持下，半岛电视台就开始为中东观众昼夜不停地播放一系列令人目不暇接的节目了。

事实上，随着圆盘式电视卫星天线体积的缩小和大幅降价,半岛电视台的市场份额又进一步扩大了。不经意间,人们发现,即使低收入人群也能买得起这类技术设备。在世纪之交,五大洲的人们已可以全天 24 小时观看半岛电视台的节目。2001年，半岛电视台总裁与有线新闻网——美国在线-时代华纳超级跨国公司旗下的一家主要的新闻网——签署了一项能带来巨大利润的合作协议,从而进一步加强了半岛电视台在全球的扩张。几个月后,当全世界都在关注阿富汗战争,半岛电视台已然成为一家势力强大的全球性媒体。它可以把设备租赁给一些重要的新闻媒体,如路透社和美国广播公司,还能向美联社和英国广播公司出售卫星时段,甚至还与另外一家美国全国有线广播公司合作,别出心裁地设计了一个阿拉伯语的经济新闻频道。

由于不受国界和地形的限制,这些四处扩张的新闻媒体之间能够有效地开展合作。仅在奥萨玛·本·拉登的录像带送到位于喀布尔的半岛电视台办公室几个小时后,有线新闻网就得到并播放了这盘录像带的副本。布什政府对当代神速的信息交换始料未及,于是要求卡塔尔政府“约束控制好半岛电视台”,宣称未经事先磋商就轻易播出本·拉登的录像带会导致阿拉伯国家反美情绪高涨,从而威胁和破坏美国的战事。然而,“损失”已无可挽回,只要拥有电脑和调制解调器,人们就可以在网上观看录像带的片段,浏览本·拉登的全文声明。半岛电视台的网站迅速引起了全世界人们的关注,其日点击量达七百多万次。

显然，这一系列国际间的相互依存和联系使本·拉登的声明快速地传遍了全世界。然而同时必须强调,即使是那些反对、谴责现代性的人也无法逃避全球化的进程。为了广泛传播信息和吸纳新成员，反现代化的人也不得不利用由全球化提供的工具。本·拉登在录像带里的着装打扮就表现了这一点：他内穿阿拉伯的传统服装，外套流行的越南军绿色战服。其实，他的衣着体现了时下的碎片化和交叉化的过程，这一过程被全球化研究者称为“杂交化”——全球经济和文化交流带来的不同文化形式和风格的混合。实际上，那件色彩斑驳的战服上的浅色富有象征意义，暗示着它来自前苏联，同时让人想起在 20 世纪 80 年代，本·拉登和其他伊斯兰军人曾以激烈的游击战抗击前苏联入侵阿富汗。本·拉登那支从不离身的 AK-47 式卡拉什尼科夫突击步枪也可能来自俄罗斯，虽然人们知道，四十多年来全世界数十家兵工厂都在生产这种常见的武器。到 20 世纪 90 年代中期，俄罗斯和其他国家共生产了七千多万支卡拉什尼科夫步枪，至少有五十个国家曾用它来装备军队，从而使它成为全世界最受欢迎的武器。可见，本·拉登的 AK-47 步枪可能来自世界上任何一个地方。然而过去 20 年间，有组织的犯罪正在快速地向全球化方向发展，因此不难想象，本·拉登的那支枪可能是“基地”组织和俄罗斯黑手党这类强大的国际犯罪组织走私的军火。那支枪也可能是通过秘密武器交易进入阿富汗境内的。

如果仔细观察本·拉登的右手腕，就不难发现另一点线索，它也会帮助我们理解全球化的强大动因。当本·拉登对着话筒蔑视美国及其盟国时，挽起的衣袖让人注意到他戴着一块时髦的运动手表。看到这只价格不菲的手表，记者们纷纷猜测它的来路。最后他们一致认为那是一块天美时手表。这种表如同苹果派一样也是美国的特产，而它居然出现在“基地”组织领导人的手上，这真是颇具讽刺意味。毕竟天美时公司的前身是 19 世纪 50 年代成立的沃特伯里钟表厂，它位于康涅狄格州的诺格塔克山谷，在整个 19 世纪那里一直被人们称为“美国的瑞士”。现在，天美时公司已经成为跨国公司，和世界上 65 个国家的附属企业和营销部保持密切的业务关系。它的公司雇员来自世界各地，其总数达 7500 人。他们多来自低收入的南半球国家，已经成为了天美时公司全球生产进程的主力。

通过简要地解构录像带里一些重要的形象特征，就不难理解，阿富汗山洞前那个反现代的恐怖分子的形象为什么看上去那么的不合时宜，但实际却表现了全球化的基本动因。确实，正是由于世界各地间的相互依存正在以史上最快的速度增强，地方主义与普世主义势力之间的冲突已经达到了前所未有的水平。像“基地”组织这样的国际恐怖组织的出现不过是全球化现象的诸多表现之一。正如本·拉登“纯粹的伊斯兰”这一浪漫的意识形态本身就是现代想象的结果一样，我们的全球化时代，以它对技术的迷恋和批量销售的商品，持久地激起了强烈的反全球化潮流。

对奥萨玛·本·拉登的解构为我们提供了一个来自现实生活的实例，它解释了全球化错综复杂而有时又自相矛盾的社会动因。现在，我们可以从一个更有利的视角出发，给全球化总结出一个合理可行的定义；这样人们就可以更加精确地分析全球化这个备受争议的概念，让它不再如大家所说的那样难以界定和难以说明。

定义全球化

“全球化”这个术语最早出现在 20 世纪 60 年代，从此，无论是在通俗文献还是在学术文献中，人们一直用它来描述一种进程、一种状态、一个体系、一股力量或一个时代。由于这些众说纷纭的说法意义大不相同，因此不加辨别地使用它们经常会让人感到晦涩难解，从而造成混乱。假如草率地把进程和状态合在一起，就会出现无效的循环论证式的定义。例如，经常说的那个同义反复的定义——“全球化（进程）导致更多的全球化（状态）”——就无法让我们分析原因和结果之间的意义差别。因此，我建议用**全球性**这个术语来表达一种**社会状态**，它的特点是：全球经济、政治、文化和环境之间存在着关联和流动，使许多通常存在的界限变得无关紧要。然而，我们不能认为“全球性”是指一个确定的、不再发展的终点；相反，这个概念指一种特定的社会状态——和其他的状态一样，它注定会被具有独特本质的各种新的社会状态所取代。比如说，不难想象，全球性可能会成为一种叫做“星球性”的东西——对太阳系进行成功殖民后带来的一种新的社会构成；而且，我们可以轻易地想象出全球性的不同社会表现：或者主要建立在强调个人主义和竞争的价值观念以及以私有财产为基础的经济制度之上，或者体现为更多社区性和合作性的社会安排，其中包括了较少的资本主义经济关系。所有这些可能的表现都证明了，全球性在本质上是**不确定的**。我们的子孙后代也许可以更好地判断哪个表现将可能占据上风。

可是，**全球化**这个术语应该指一组**社会进程**；人们认为这些进程把我们的社会状态转化为了一种具有**全球性**的状态。这样，全球化的核心就是人类联系的多种变幻莫测的形式。确实，“全球化正在发生”这个流行的说法包含了三条重要信息：首先，我们正在慢慢地远离自 16 世纪以降渐渐兴起的现代性状态；第二，我们正在走向（后现代）一种具有全球性的新状态；第三，我们尚未达到这种状态。确实，如“现代化”和其他以词缀-ization结尾的动名词一样，“全球化” 这个术语暗示着活力，它以清晰可辨的模式，最好地体现在了“发展”或“展开”这一类的观念里。这种展开可能发生得很快也可能很慢，但它总是对应于变化的观念，因此，也意味着当前状态的转变。

因此，探讨全球化动因的学者特别喜欢追踪与社会变化这一主题相关的研究问题。全球化是如何发生的？是什么在推动全球化？是一种原因还是多种因素的综合？全球化是统一的进程还是不均衡的进程？全球化是现代性的延续还是与现代性的根本断裂？全球化与先前的社会发展有什么不同？全球化会制造新形式的不平等和等级制度吗？值得注意的是，把全球化概念化为一种持续的进程而不是固定的状态，这就迫使研究者要密切注意不断变动的时空观念。由此可见，全球化研究者为什么特别注重历史分析和社会空间的重构。

全球化是一组促使我们走向全球性状态的社会进程。这种说法可以消除出现循环论证式定义的危险，但这只是从定义上给出了这一进程的一个特点，即它正在走向更大程度的相互依存和一体化。这样笼统地定义全球化，我们就会对它的其他性质所知甚少。为克服这一缺陷，我们必须认识到全球化不同于另外一些社会进程的其他特点。然而，一旦研究者为进一步聚焦于所讨论的现象而增加其具体性时，就会引发更多对这些定义的学术论争——现在我们所谈的这个主题也不例外。全球化之所以仍是一个有争议的概念，其原因之一就是，学术界对何种社会进程构成了全球化的本质还未达成共识。

虽然见解各不相同，但在学术界众多企图认识全球化进程的本质特点的观点中，我们仍然可能发现它们在主题上存在一些重叠之处，比如说下面五个有影响的全球化定义。这五个定义认为在这一现象的核心存在着四个显著的性质或特点。首先，全球化关系到新事物的**创造**与现存的社会网络和活动的**扩展**，它们不断地越过了传统的政治、经济、文化和地理之间的界限。如同我们在半岛电视台这个实例中看到的那样，造就当今的卫星新闻公司需要联合专业的互联网络、技术革新和政治决策——这样，超越地方结构的新社会秩序才能得以出现。

全球化因此可以定义为世界范围内社会关系的强化，它把相距遥远的各个地方联系起来，使得远方的事件影响当地发生的事情，反之亦然。

伦敦经济学院院长安东尼·吉登斯

全球化这一概念反映了世界交流的极度扩张以及全球市场的视野，这两者都比现代性的前期阶段看上去更加直接和真实。

杜克大学文学教授弗雷德里克·詹姆森

可以把全球化看做一个进程(或一组进程)，它体现了社会关系和事务在空间组合上的转变——无论是从广度、强度、速度还是从冲击力上来说——生成了洲际或跨地区的流动，以及活动、互动与权力运作的网络。

伦敦经济学院政治学教授戴维·赫尔德

作为一个概念，全球化既指世界的集约化，同时又指世界整体性意识的日益强化。

匹兹堡大学社会学教授罗兰·罗伯逊

全球化压缩了社会关系的时间和空间这两个方面。①

美洲大学国际关系学教授詹姆斯·米特尔曼

全球化的第二个特点反映在社会关系、社会活动和相互依存性的**扩张**与**延伸**中。当今的金融市场遍布全球，电子商务夜以继日地进行着。在各大洲都出现了大型购物中心，为那些具有购买力的顾客提供来自世界各地的商品——包括各个部件分别在不同国家生产的产品。让我们回到最初的例子，现在我们知道，奥萨玛·本·拉登的组织在20世纪90年代后期迅速扩大了其活动空间。在新技术和撤销经济管制的协助下，恐怖组织的分支在五大洲的许多国家涌现出来，这最终使“基地”组织变成了一个全球性的恐怖网络，它能够以迄今为止令人难以想象的规模策划和发动袭击。在一些较为温良的组织如非政府组织、商业企业、社团、不计其数的地区性及国际性的机构和协会那里，也存在着同样的社会扩展的进程，比如联合国、欧盟、东南亚国家联盟、非统组织、南方共同市场、无国界医生组织、大赦国际组织、科学家关注联盟、世界经济论坛、微软公司、通用汽车公司等等。

第三，全球化与不断**强化**和**加速**的社会交流活动有关。因

① 时空压缩的概念最早由英国新马克思主义地理学家哈维提出。他认为，一方面人们跨越空间所需的时间急剧缩短，另一方面时间的缩短压缩了空间的距离，人们在经济和生态上的相互依赖性也相应增强了。——书中注释均由译者所加，以下不再一一说明。

特网在瞬间传递来自远方的信息，卫星为消费者实时提供遥远地区发生的事件图像。正如安东尼·吉登斯的全球化定义所指出的那样，全球社会关系的强化意味着远方发生的事件会影响某个地方性的事件，反之亦然。换句话说，全球化和地方化这两个看似对立的进程，实际上彼此包含："地方的"与"全球的"形成了一个空间连续体的两个终端，而"民族的"和"区域的"则是这个空间连续体的中心部分。

为了进一步阐明这一点，让我们再次回到奥萨玛·本·拉登的例子上去。有理由认为，美国和印度计算机实验室的技术突破，以及华盛顿特区、布鲁塞尔和世界其他地方的政治和军事决策在不断地影响着他的恐怖主义战略；同时，奥萨玛·本·拉登的战略也深刻地影响着美国政治家、英国军事工程师和以色列特工的各种活动。人们常说"全球化压缩了时空"，这其实就是说，事情发生的速度在加快，距离在大幅度地缩小。如西班牙社会学家曼努埃尔·卡斯特所指出的那样，如果没有新信息和交通技术的快速发展推动技术革命，当今的全球"网络社会"就不可能出现。这些不断进步的革新正在重新塑造人类生活的社会图景。

第四，社会相互关联和依存的产生、扩展及强化不仅局限于物质与客观的层面。如罗兰·罗伯逊的定义所示，全球化也涉及人类意识的主观层面。因此我们必须记住，全球化也意味着人们越来越意识到，社会间的相互依存日益明显，社会互动迅猛发展。他们认识到地理界限和距离的重要性已日渐消退，从而强烈地感觉到自己正成为全球整体的一部分。这些全球相互依存的经历旷日持久，日益加强，正逐渐改变着人们的个体和集体身份，也因此深刻地影响了人们在现实中的行为方式。

现在，我们似乎已经认识到了全球化的一些本质特性，由此，可以这样来定义全球化：

> 全球化指的是一组多向度的社会进程，它们创造、增加、扩展和强化了世界范围内的社会交流和相互依存性，同时使人们越来越意识到本地与远方世界之间的联系正在日益深化。

其他争议点

通过吸取其他有影响的定义中那些共同的洞见，我们给全球化下了一个充分而可行的定义。但我们不能忽视全球化仍然存在诸多争议。毕竟，全球化是一种不均衡的社会进程——这一社会结构和文化区域的巨大转变会对生活在世界不同地区的人们产生不同的影响。因此，各个评论者曾以不同或经常是相互对立的方式，来分析和解释构成全球化的社会进程。学者们不仅对如何合理地定义全球化持有不同意见，而且还对全球化的规模、因果关系、年表、影响、发展轨迹及政策后果争论不休。例如，就全球化的规模，人们围绕着这样一个问题展开了学术争论：究竟是应该以单一的还是区别对待的方式来理解全球化？这个“多向度”的观念看起来似乎是我们的全球化定义的一个重要特征，不过仍需要对它做出详尽的说明。佛教中盲人学者和大象相遇的古代寓言故事，将有助于阐明对全球化各种向度的学术论争的本质。

盲人学者不知道大象长什么样子，因此他们决定通过触摸它来获得一幅心灵图像，从而得到他们想要的知识。摸到象鼻的盲人说，大象像一条活泼灵动的蛇；另一个人摸着大象巨大的腿，说这个动物像一根粗糙而巨大的柱子；第三个人抓住了大象的尾巴，坚持说它像一把柔韧的大刷子；第四个人则摸到了锋利的象牙，便断言大象长得像一柄长矛。关于大象的样子，每个盲人学者都坚持自己的意见。由于他们的学术声誉取决于他们各自发现结果的真实性，最后盲人学者对什么是大象真正的本质还在争论不休。

学术界一直在争论，究竟哪个向度包含了全球化的本质——这恰恰再现了盲人摸象这个寓言故事的后现代版本。即使是那些赞同可以把全球化看做单一进程的学者，他们对社会生活哪个方面构成了这一现象的主要论述范围也在争论不休。有些学者认为经济进程是全球化的核心，其他一些学者则更加重视全球化的社会、文化或意识形态方面，还有一些人则指出环境方面的进程是全球化的本质。如寓言故事中的盲人一样，每个全球化研究者在一定程度上都是对的，因为他们都正确地分辨出了所讨论现象的一个重要向度；然而，他们所犯的集体性错误在于他们企图固执地简化全球化这样一个复杂的现象，使它变成一个只与自己的专业知识相关的论述领域。

诚然，研究全球化的学者们面临的一项中心任务是，发现更好的方法以判断各个向度的相对重要性，同时需要注意，它们是一个相互联系的整体。如果对全球化坚持片面的理解，那将是个严重的错误。幸运的是，越来越多的研究者已经开始注意这一要求，采取一种真正多向度的方法来看待全球化，从而避免有害的简化论。全球化包含多方面且各不相同的多种进程，因此可以说，社会生活的方方面面都在它的影响范围之内——或者，我们能这样说吗？

图 1　全球化学者与大象。

在得出这个重要结论之前，先让我们考虑一下“全球化怀疑论者”阵营的学者提出的几个反对意见。这些反对意见有的指责时髦的“全球化言论”最终竟然是“荒唐至极”[①]，有的则较为温和，认为全球化是一个更为有限的、不均衡的进程，而并不像那些所谓的“鼓吹全球化者”要我们相信的观点那样笼统。从很多方面看，最激进的全球化怀疑论者就像一个盲人学者，他占据了大象前后腿之间的空档，徒劳地寻找它身体的某个部位。由于没有发现任何东西，于是他就指责同行们虚构了子虚乌有事物的离奇故事，并声称世界上根本就没有所谓“大象”这种动物。

---

① 原文中的 baloney 有“骗人之谈”的意思。第二次世界大战的时候，鲁斯夫人骂某人讨论国际问题说话毫无道理，创立了一个新词 globaloney，就是把 global（全球性的）和 baloney（胡说）两词组合起来，等于中文的“荒唐至极”。这里用来形容由全球化理论家提出的各种空洞的、带偏见的和循环论证的命题。

然而,越来越多的证据表明,世界范围内的社会关系正在迅速得到强化,因此,我不打算去驳斥那些为数不多的完全否认全球化存在的全球化怀疑论者;另一方面,我十分赞同全球化是一个在地理上有限的、不均衡的进程。就如我在下面各章里将要论述的那样,世界上大量的人群,尤其是南半球的人们,无法平等地享用日益密集的网络和基础设施——从这个意义上说,全球化是和不平等现象联系在一起的。然而,尽管我们看到社会间相互关联和依存的强化集中出现在北半球的经济发达国家,我们仍然有充足的理由"大谈全球化"。毕竟,北半球相互依存的模式正在兴起,它的存在确实反映了全球化的部分倾向,并可能对世界其他地区产生重要影响。

在我看来,来自全球化怀疑论者阵营的最具挑战性的问题是:全球化主要是一个现代的现象吗?批评者对此问题的回答可能是否定的,而且他们还会说,全球化这个概念的使用缺乏历史的精确性。一句话,这群有思想的怀疑论者认为,只要粗略地看看历史,就会知道当代全球化并没有什么新鲜东西可言。因此,在本书以下几章具体探讨全球化的五大向度之前,我建议让我们认真对待这个重要的观点。确实,批判性地探究全球化所谓的新颖性,与方兴未艾的全球化研究领域里的另一个热点难题密切相关。关于全球化合理的年表和分期是什么样的呢?让我们到第二章去寻找问题的答案吧。

第二章
全球化是一个新现象吗？

如果我们问走在伦敦、纽约、曼谷或里约热内卢街头的普通人什么是全球化的本质，他们的回答可能与“新技术”带动下的政治与经济间不断发展的相互依存形式有关，如个人电脑、因特网、移动电话、寻呼机、传真机、掌上电脑、数码相机、高清晰电视、卫星、喷气式飞机、航天飞机和超级油轮。尽管如以下几章所示，技术对当代全球化各种存在形式的解释并不是完整的，但是，如果否认新技术在创造、增加、扩展和强化全球性的社会依存和交流方面的作用，那将又是愚蠢的。特别值得一提的是因特网，它通过创建能够连接亿万人、民间团体以及政府机构的万维网，对促进全球化起到了关键作用。这些新技术的出现不过 30 年的时间，因此，如果我们赞同那些评论者的观点，认为全球化确实是一个新现象，这似乎也不无道理。

然而，我们在前一章定义全球化时，同时所强调的是这一现象的动态本质。全世界相互依存的发展，以及不断深化的全球互联意识的总体增长，都是具有深刻历史根源的、循序渐进的进程。例如，研制出手提电脑和超音速喷气式飞机的工程师都站在技术创新先驱的肩膀上，是先驱们创造了蒸汽机、轧棉机、电报机、留声机、电话、打字机、内燃机和电器用品。反过来说，这些产品的存在又依赖于更早的技术发明，如望远镜、罗盘、水车、风车、火药、印刷机和远洋轮船。为了承认所有的历史记载，让我们来回顾一下在更为遥远的年代出现的重大社会成就和技术成就，比如造纸、文字的演化、轮子的发明、野生动植物的驯养和驯化、语言的出现，以及在人类进化的发端时期，我们非洲祖先缓慢的向外迁移。

这样，对于全球化是不是一个新现象这个问题的回答，取决于我们愿意把导致最近技术和社会结构的原因追溯到多久之前——因为大多数人总是把全球化这个流行的词语与技术和社会结构联系在一起。为了理解全球化的当代特征，有些学者有意识地把全球化的历史范围限制在了后工业社会①的过去40年；其他学者则想把这一时间表扩大，进而包含19世纪这一具有开拓性进步的时代；还有另外一些学者则认为，全球化真正代表的是一些复杂进程的延伸和继续，而这些进程始于五个多世纪前资本主义世界制度和现代性出现的时期；其他少数研究者则不愿把全球化限制在仅仅使用十年或世纪量度的时段范围内，他们宁愿建议，这些进程几千年来一直都处于发展过程中。

无疑，这些争论不休的视角各有洞见。在随后几章里我们就会看到，赞同第一个角度的人列举了大量证据以证明他们的观点：自20世纪70年代早期以来，全球交流的急速增加和膨胀表现了全球化历史的一次巨变；提出第二种观点的人一针见

① 一般认为1970年前后，工业社会已进入与一百多年前欧洲由农业社会转变为工业社会相似的变化期，即后工业社会。其特征包括：经济发展的主导因素由制造业转变为服务业，民族与全球资本的扩散，职业构成以专业技术人员为主导等。

血地强调,在所谓的工业革命的技术爆炸与全球化的当代形式之间存在着密切的联系;代表第三种观点的人则准确地指出了16世纪发生的时空压缩的重要意义;最后,坚持第四种观点的人提出了一个颇有道理的论点,他们认为,如果不考虑我们地球历史中的古代发展和持久动因,那么任何对全球化真正全面的论述都会存在极大的欠缺。

无可避免，下面这个简短的年表也是笼统的和不完整的，但它却足以让我们清楚地认识到：全球化和人类本身一样古老。以社会交流速度的显著提高和地理范围的急剧扩大作为划分依据,这一简短的历史年表确定了五个显著的历史时期。在这个语境之中,我们必须记住,我的年表并不一定意味着历史的线性发展,也并不提倡一种传统的以欧洲为中心的世界历史观。全球化的历史涉及我们这个星球所有主要的地区和文化,其中充满了不可预料的意外、剧烈的转变、突然的间断以及戏剧性的逆转。

这样，我们应该尽量避免把一些具有决定论意义的观念，如“必然性”和“不可逆性”,强加给全球化。然而,重要的是我们应该注意,历史上发生的技术和社会的巨大飞跃曾把这些进程的强度及其在全球的范围推进到新的水平。记住这些应该注意的方面,再去探讨和分析全球化的简短年表,我们就能领会每个时期的新颖之处,以及全球化这一现象本身的连续性。

史前时期(公元前10000—公元前3500年)

让我们从大约一万两千年前开始,来对全球化做一个简短的历史概述。当时,一小群猎人和采集食物者到达了南美洲的南端,这一事件标志着人类非洲祖先一百多万年前以来在五大洲定居这一漫长过程的结束。虽然直到更近一些的时期，才有人类在太平洋和大西洋中的一些主要岛屿栖息，但真正的人类全球散居已最终完成。游牧者最终成功地定居南美洲，这全靠他们西伯利亚祖先的迁徙功绩，他们早在此前1000年前就穿越白令海峡进入北美洲了。

在这一全球化的最早时期，遍布全世界的成千上万的狩猎者和食物采集者群体的相互接触大多是偶然的，在地理上也是有限的。大约在一万年前，这一倏忽而逝的社会互动模式发生了巨大变化，人们在自产食物方面迈出了关键的一步。由于多种因素的作用，包括适合驯养和驯化的动植物在自然界的出现，以及各大陆在面积和人口规模方面的差异，在这些日益发展的农业定居点当中，最为理想的只有位于或靠近欧亚大陆的某些地区。这些地区位于中东的新月沃土、中国的中北部、北非、印度的西北部和新几内亚岛。随着时间的流逝，这些早期的农夫和牧人的食物有了剩余，人口开始增长，出现了永久的村落和防御性的城镇。

流浪的游牧人群定居下来，组建了部落和酋长领地，并最终发展为强大的农业生产国家。高度集权、阶层化的族长式社会结构从本质上瓦解了政治权力分散、实行平等主义的狩猎和采集食物的人群，酋长和祭司成为新的领导者——他们无须从事繁重的体力劳动。而且自人类有史以来，这些农业社会第一次具有了额外供养两个社会等级的能力，这两个等级的成员不需要参加食物生产。一群人由全职的手工业专门人员组成，他们致力于发展新技术，如功能强大的铁器、由贵金属制成的精美的装饰品、错综复杂的灌溉沟渠、精致的陶器和编制物品，以及雄伟的建筑物；另一群人则由专门的官吏和士兵组成，他们后来发挥了重要的作用，如在统治者的领导下垄断暴力手段，为中央集权领地的生存和发展所必备的剩余粮食做精确的账目统计，获取新的领土，建立永久的贸易路线，以及到远方进行系统的探险活动。

然而，在很大程度上，史前时期的全球化是十分有限的。能够克服当时存在的地理和社会障碍的先进技术基本上还尚未出现，因此从未实现持久和远程的相互影响。只有到了这一时期的末期，集中管理的农业、宗教、官僚体制和战争才逐渐产生；它们作为日益强化的社会交流模式的主体，将把世界很多地区越来越多的社会联系在一起。

前现代时期（公元前 3500—公元 1500 年）

在公元前3500 年到公元前 2000 年间，美索不达米亚、埃及和中国中部地区发明了书写文字，这大致与公元前 3000 年左右西南亚发明轮子的时间相重合。这些伟大的发明创造标志着史前时期的结束，集中体现了技术与社会的一个巨大进步，把全球化推进到了一个新的水平。由于欧亚大陆在地理上向东西方向延伸，这一特点曾经有利促进了同一纬度上适合作为食品的农作物和动物物种的快速传播——新技术在相距遥远的大陆各地扩散仅仅用了几个世纪的时间。显而易见，这些发明创造对加强全球化进程很重要。此外，轮子的发明促进了一些重要基础设施的革新，比如，畜力车和固定的道路使得人和物品的运输更加高效和快捷。除了思想和新发明的传播，书写文字极大地协调了复杂的社会活动，因此也有助于大型国家的形成。这一时期所兴起的大板块中，只有南美洲的安第斯文明，在没有轮子和书写文字的帮助下，变成了强大的印加帝国。

图 2　带有楔形文字的亚述陶片，约公元前 1900—公元前 1800 年。

因此，前现代时期是帝国时代。一些国家成功实现了对其他国家的长久统治，随后积聚的大片领土为埃及王国、波斯帝国、马其顿帝国、美洲的阿兹特克和印加帝国、罗马帝国、印度帝国、拜占庭帝国、伊斯兰帝国、神圣罗马帝国、非洲加纳帝国、马里帝国、桑海帝国和奥斯曼帝国的出现打下了基础；所有这些帝国都增加和扩展了远程交流以及文化、技术、商品和疾病的传播。在这些幅员辽阔的前现代帝国中，持续时间最长、技术最发达的无疑就是中华帝国；仔细查看它的历史，就会发现全球化的一些早期动因。

在数个独立王国进行了几百年的战争后，公元前 221 年，秦始皇的军队最终统一了中国东北部的大片土地。在随后的1700年里，接连更替的汉朝、隋朝、唐朝、元朝和明朝统治着由庞大的官僚体系支撑的帝国，它们的势力扩展到遥远的地区，如东南亚的热带地区、地中海、印度和东非。光辉灿烂的艺术和哲学成就促进了其他知识领域（如天文学、数学和化学）的新发现。中国在前现代时期有一大串技术革新，主要包括改进的犁具、水利工程、火药、天然气的利用、罗盘、机械钟表、造纸、印刷技术、刺绣精美的丝织品以及复杂的金属加工工艺。中国修建了由上千条小运河组成的大型灌溉系统，从而提高了这一地区的农业生产力，同时也提供了世界上最好的河运系统。法典的制定、度量衡以及货币价值制度的确定促进了贸易和市场的扩展，车轴大小和道路的标准化使得中国商人第一次准确地计算

图3　中国的长城，始建于公元前214年，后又多次重建。这是唯一从太空用肉眼能看见的人类工程。

出了进出口货物所能达到的数量。

在这些贸易路线中，扩展最远的要数丝绸之路。它把中国和罗马帝国连接了起来，而帕提亚人则较好地扮演了中介的角色。在丝绸之路到达意大利半岛 1300 年后即公元前 50 年，一群真正具有多元文化背景的欧洲、亚洲和非洲的全球旅行者，包括闻名遐迩的摩洛哥商人伊本·巴图塔和威尼斯马可·波罗家族的商人们，就是依靠这条伟大的欧亚大陆贸易路线，到达了北京富丽堂皇的蒙古可汗皇宫的。

到 15 世纪，由上千艘长 400 英尺的越洋船只组成的声势浩大的中国船队，穿越了印度洋，在非洲东海岸建立了短暂的贸易据点。然而，几十年后，中华帝国的统治者实施了一系列致命的政治决定，中断了海外航海事业，导致技术的进一步发展出现了阻碍。如此一来，他们扼杀了萌芽时期的工业革命，这一发展机会曾使相对小得多的欧洲国家成为了推动全球化的主要历史主体。

这样，截至前现代末期，由几条连锁贸易路线组成的全球贸易网络，把人口最为稠密的欧亚和东北非地区连在了一起。虽然澳洲和美洲大陆尚未成为这一不断扩大的经济、政治和文化依存网络的组成部分，但阿兹特克和印加帝国却已经在其半球成功地开发了主要的贸易网络。

这些经济和文化交流网络不断扩张，引发了大规模的移民浪潮，这又导致了人口的进一步增长以及城镇中心的快速成长。在随之而来的文化冲突中，地方性的宗教变成了今天为人们所知的几大“世界宗教”，如犹太教、基督教、伊斯兰教、印度教和佛教。但是，由于人口密度加大，更远地区间的社会交往加强，腺鼠疫这样的新型传染病得以广泛传播，比如，14 世纪中期的大瘟疫分别使中国、中东和欧洲失去了三分之一的人口。然而直到命运攸关的16世纪，当“新”、“旧”世界产生碰撞的时候，在不断发展的全球化进程中出现的这些令人避之不及的副产品才以最可怕的方式表现了出来：大约一千八百万美洲土著死于欧洲入侵者带来的可怕病菌。

早期现代时期(1500—1750年)

“现代性”这一术语已经和发生在18世纪的欧洲启蒙运动联系在了一起，这一运动发展了客观科学，获得了道德和法律的普遍形式，把理性的思维方式和社会组织从被认为是非理性的神话、宗教和暴政中解放了出来。因此，“早期现代”这一说法指的是在启蒙运动和文艺复兴之间的一段时期；在这两个世纪里，欧洲及其社会实践成为了全球化的主要催化剂。大约在公元1000年前，阿尔卑斯山西北部的欧洲人对技术和其他文明成就并没有做出什么贡献，但来自中国和伊斯兰文化领域的技术革新的散播却让他们受益良多。大约五百年后，虽然中国的政治影响已经削弱，新月沃土也出现了明显的生态恶化，但欧洲强国并没有深入非洲和亚洲的腹地；相反，它们把扩张的欲望转向了西方，试图寻找一条通往印度的有利可图的海上新航线。他们得到了一些发明创造的协助，如机械化的印刷技术、精巧的风车和水车磨房、四通八达的邮政系统、改进的海运技术和发达的航海技术，再加上宗教改革的巨大影响以及有限政府自由主义的政治思想；我们可以看出这一质的飞跃背后所存在的主要力量，它们极大地加强了欧洲、亚洲和美洲之间的人口、文化、生态和经济的互动。

当然，在早期现代时期，欧洲大都市中心及其所属的商业阶层的兴起是强化全球化趋势的另一重要因素。欧洲的经济实业家体现着个人主义的新价值观和无限的物质积累，他们为后来学者所说的“资本主义世界制度”奠定了基础。然而，如果没有来自他们各自政府的大力支持，这些刚刚起步的资本家的商业公司就不可能实现世界性的扩张。西班牙、葡萄牙、荷兰、法国和英国的君主投入了大量资源去探索新世界，创建跨地区的新市场——与他们富有异国情调的“贸易伙伴”相比，这带给他们的好处要大得多。到 17 世纪早期，他们试图在海外设立贸易据点以获取高额利润，为达到这个直接目的，他们建立了像荷兰和英国东印度公司这样的股份制公司。随着这些富有创新精神的公司的规模和实力不断扩大和增长，它们获得了管理大多数洲际经济交易的权力，在贯彻执行社会制度和文化实践的过程中，使得后来的殖民政府能够对这些外国地区实行直接的政治统治。与此相关的一些开发，如跨越大西洋的奴隶贩卖和美洲人口的强行迁移，给数以百万计的非欧洲人带来了痛苦和死亡，同时却让白人移民和他们的原籍国家获得了极大的利益。

当然，欧洲本土的宗教战争也在一定程度上使高加索人流离失所，而且，由于旷日持久的武装冲突，军事联盟和政治安排也在不断变化。最终，到 1648 年，作为现代社会生活的承载，从威斯特伐利亚国家体系[①]中演化出的拥有主权和领土的民族国家出现了。就在现代早期即将结束的时候，民族国家间的相互依存日益加强，愈发密切。

---

① 源自 1648 年签署的《威斯特伐利亚和约》。该和约确定了国家主权、国家领土和国家独立等国际关系准则，开创了以国际会议解决国际争端的先河。

图 4 1626 年出售曼哈顿岛。

现代时期（1750—1970年）

到了18世纪末期，澳大利亚和太平洋诸岛屿被渐渐并入了由欧洲主导的政治、经济和文化交流的网络。在数次面对了“远方”的故事和无数“他者”的形象后，欧洲人及其在其他大陆的后裔主动承担了保卫普遍法律和道德世界的责任。虽然他们一直坚持认为自己是文明的倡导者，但奇怪的是，对自己的种族主义行径、对自己社会的内部以及西方与“其他地方”之间所存在的严重不平等状况，他们却浑然不觉。大多来自世界其他地区的材料和资源源源不断地流入西方资本主义企业，使得它们的规模有所扩大，从而敢于反抗强大的政府控制：企业家和他们的学术搭档开始传播一种将个人主义和自我利益合理化的哲学，赞美理想化的资本主义制度的优点，认为它基于自由市场及其“看不见的手”的天意运作。

1847年，德国政治激进者卡尔·马克思和弗里德里希·恩格斯写出名著《共产党宣言》，其中的这段话记录了现代时期社会关系质的转变，它把全球化推向了一个新的层次。

> 美洲的发现为大工业和创造一个真正的全球性市场开辟了道路。后者极大地扩展了贸易、航海和陆上的交流，然后这些发展又引起工业的进一步增长。工业、贸易、航海和铁路的发展也与资产阶级和资本的兴起同步，这使得中世纪旧的社会阶级退居幕后。……为销售产品，资产阶级带着强烈的欲望不断扩大全球市场，他们到处定居、开垦、建立关系……除此之外，他们别无选择。资产阶级迅速改进生产工具，利用日益便捷的交流模式把所有的民族都推入文明——即使最不开化的民族也不例外……一句话，它按自己

的形象创造世界。

作者自译

确实，在1850到1914年间，世界贸易额大幅度增加。在跨国银行的带动下，资本与商品相对自由地跨越国界进行流通，因为以英镑计价的金本位制度使一些主要国家的货币，如英镑和荷兰盾有可能在世界范围内流通。大多数欧洲民族国家急于获得自己独立的资源基地，把大半个南半球置于直接殖民统治之下。到第一次世界大战前夕，工业化国家的商品贸易总额几乎占全国总产出量的12%，这一水平一直保持到20世纪70年代。全球的价格体系促进了谷类、棉花和各种金属等重要商品的贸易。带包装的品牌产品，如可口可乐饮料、金宝汤、胜家缝纫机、雷明顿打字机也第一次亮相。为了提升这些公司的全球形象，国际广告机构首次发动了跨国界的全面商业促销活动。

然而，正如马克思和恩格斯所指出的那样，如果没有19世纪科学技术的迅猛发展，就不可能有欧洲资产阶级的兴起以及与之相关的全球依存性的强化。自然，维护这些新兴的工业体制需要如电力和石油这类新型的能源；对这些能源的滥用，则导致了无数动植物物种的灭绝以及整个地区的毒化。而另一方面，铁路、机械化的海运以及20世纪的洲际空运已成功克服了仅存的地理障碍，建立了真正的全球化基础设施，同时降低了运输成本。

通讯技术的迅猛发展与这些交通方面的发明创造相得益彰。电报在1866年后跨越大西洋，从而使得两个半球实现了即时信息交换；而且，电报为电话和无线电通讯的出现创造了条件，促使新兴的通讯公司提出宣传口号（如美国电话电报公司

图 5 19 世纪末东欧移民抵达纽约城。

欢呼一个"无法分离、紧密相连"的世界的到来)。最终,在 20 世纪出现了流通量极大的报纸、杂志、电影和电视,人们越来越觉得世界正在迅速变小。

现代时期也是一个人口空前膨胀的时代。从公元元年到 1750 年,世界人口从仅仅 3 亿增长到 7.6 亿,而到 1970 年世界人口已增至 37 亿。强大的移民浪潮加剧了原有的文化交流,转变了传统的社会结构。受人欢迎的移民国家如美国、加拿大和澳大利亚充分利用了这一推动力量来提高生产力。20 世纪初期,这些国家已作为引人注目的强国登上了世界舞台。而与此同时,它们也努力控制移民的大量涌入,并在这一过程中创造了新的官僚控制形式和监管方法,收集了更多关于国民的资料,同时阻止"不受欢迎的人"入境。

工业化进程日益加快,使得财富和福利差距超出了人们的承受限度,在北半球的各种工会运动和社会主义政党中,工人开始以政治化的方式组织起来。然而,尽管他们充满理想主义色彩,呼吁国际社会阶级的团结与联合,却基本没有引起什么注意;倒是民族主义的意识形态激发了全世界数百万人的想象。无疑,由于大规模移民、城市化、对殖民地的争夺以及世界贸易的过度自由化,到 20 世纪初期,国与国之间的敌对开始加剧;随后,极端民族主义最终导致了两次可怕的世界大战、长期的全球经济萧条,以及为保护狭隘的政治团体而采取的敌对措施。

轴心国集团在 1945 年的战败及非殖民化进程的加剧,使得全球流动和国际交流开始缓慢复苏。《联合国宪章》奠定了民族国家新的政治秩序,展现了全球民主管理的前景。然而在 20 世纪 50 年代,这一世界主义的美好前景随着冷战的到来很快消失,在长达 40 年的时间里,世界被划分为两大敌对阵营:美国控制的自由资本主义阵营和前苏联控制的社会主义阵营。人类有史以来第一次出现了全球性冲突的幽灵，它实际上能摧毁这个星球上的所有生命。

当代时期（自1970年开始）

我们在本章一开始曾指出，从20世纪70年代早期开始，全球范围内的相互依存和国际交流的产生、扩张和加剧激动人心，它们代表了全球化历史上另一次巨大的飞跃。但眼下到底发生了什么？为什么现在发生的事情让人们有理由创造出一个流行词语（不仅吸引了公众的想象，而且还引起了这样强烈的不同情感反应）？当代全球化是一件“好”事还是“坏”事？本书自始至终都会思考这些重要问题可能的答案。这样做的时候，我们把“全球化”这一术语的使用限制在当代时期，同时谨记这些进程的动因千万年前就已产生了。

在开始下一阶段的旅行之前，让我们暂停一下，回想在第一章提到的重要一点。全球化不是一个单一的进程，而是一组不均衡的进程，在几个层面和各个向度上同时运作。我们可以把它们之间的互动和相互依存比喻成一条精致的挂毯，它的形状和颜色相互重叠交错。然而，就像一个汽车技工学徒为了解发动机的运转必须先关掉然后拆卸它一样，为了弄明白全球相互依存的网络，学习全球化的人也必须分析它的特性。在以下各章，我们将认识、探讨和估量全球化在各个领域的模式，同时关注它作为一个各部分相互影响的整体是如何运作的。我们将分别研究全球化的各个向度，而不会把全球化简化为一个单一的方面。这样，我们就能避免那个让盲人无法全面了解大象的莫大错误。

第三章

全球化的经济向度

在前一章开头我们讲到，新技术是当代全球化的显著特征之一。确实，最近 30 年来，重大的技术进步就很好地说明了社会所发生的深刻变革。人们从事经济生产以及组织商品交换的方式发生了变化，这显著地体现了我们时代的一个重大转变。经济全球化是指在全球范围内加强和拓展相互间的经济关系。资金和技术的大量流动激发了商品和服务贸易的发展；市场已延伸到世界的各个角落，并在这一过程中建立了新的国家经济关系。作为构成 21 世纪全球经济秩序的主要集团，庞大的跨国公司、强大的国际经济机构以及大型的地区贸易体系随之出现了。

全球经济秩序的出现

当代经济全球化可以追溯到一种新的国际经济秩序的逐渐出现，这一国际经济秩序产生于二战即将结束时在沉寂的新英格兰小镇布雷顿森林召开的一次经济会议。在美国和英国的带领下，北半球主要的经济强国都改变了其在战争期间（1918—1939 年）的保护主义政策。与会国一致同意将不遗余力地扩大国际贸易，并决定订立管理国际经济活动的条款；而且，它们还决定建立更加稳定的货币兑换体系，维持各国货币值与美元挂钩，美元与黄金挂钩。在这些预定的规则内，各国可以自由控制其国界的渗透性——各国可以确立各自的政治和经济议程。

布雷顿森林会议还为三个新的国际经济组织制度奠定了基础。国际货币基金组织的建立是为了管理国际货币系统；国际复兴开发银行——后来称为世界银行——原是为了向欧洲战后重建提供贷款而成立的，然而，在 20 世纪 50 年代，它的目标进一步扩大，开始为全世界发展中国家的各种工业项目提供贷款；最后，1947 年，作为全球性贸易组织的关贸总协定成立，它负责制定并执行多国贸易协议。1995 年，世界贸易组织替代了关贸总协定。我们在第八章中将会看到，20 世纪 90 年代，在有关经济全球化的布局及效果方面，世界贸易组织已成为了公众激烈争论的焦点。

在约三十年的运作过程中，布雷顿森林体系极大地促成了

图 6 1944 年召开的布雷顿森林会议。

被评论者称为"管制资本主义的黄金时代"的建立。现存的由国家控制的国际资本流动机制使得就业充分,福利国家制度进一步发展。工资的提高和社会服务的改进暂时缓和了北半球富国的阶级矛盾。然而,到20世纪70年代初,布雷顿森林体系崩溃了;它的消失加强了经济一体化的趋势,后来评论家把这种趋势看做是全球经济新秩序被分娩时的阵痛。这是怎么回事呢?

世界政治的巨大变化逐渐削弱了美国工业的经济竞争力,因此,理查德·尼克松总统在1971年废除了金本位的固定汇率制度。在随后10年里,全球经济表现出不稳定的特点,其具体表现形式为:高通货膨胀率、低经济增长率、高失业率、过高的公共事业赤字,以及两次史无前例的能源危机——由于石油输出国组织能够控制世界上很大一部分石油的供应。最认同管制资本主义模式的北半球的政治力量在一系列选举中大败,这是由提倡以"新自由主义"方式对待经济和社会政策的保守政党导致的。

新自由主义

新自由主义来自亚当·斯密(1723—1790年)和大卫·李嘉图(1772—1823年)的古典自由主义理念。他们认为,作为一种自我调节机制,市场趋向于保持供需平衡,从而保证最有效的资源分配。在这些英国哲学家看来,任何对自由竞争的束缚都将扰乱市场机制的天然效能,进而不可避免地导致社会发展停滞,政治腐败,以及反应迟钝的官僚体制的产生。他们还提倡取消进口关税以及影响国际贸易和资金流动的其他壁垒。英国社会学家赫伯特·斯宾塞（1820—1903年）又把被曲解的社会达尔文主义引入了这一学说，他认为，自由市场经济是人类竞争最文明的形式，其中的“适者”自然会获得成功。

然而，在二战后的几十年里，即使是欧洲和美国最保守的政党也放弃了那些“放任主义”的思想，相反，它们采用了国家干预主义这种更为人所广泛接受的观点，这种观点的宣传者是布雷顿森林体系的设计者，英国经济学家约翰·梅纳德·凯恩斯。然而，到了20世纪80年代，在英国首相玛格丽特·撒切尔和美国总统罗纳德·里根的带领下，反对凯恩斯主义的新自由主义革命有意识地把全球化的观念和全世界的经济“解放”联系在了一起。

随着1989至1991年前苏联及东欧的解体，新自由主义的经济新秩序获得了更多的合法性。从此出现了有关经济全球化的三项最重大的进展：贸易与金融的国际化、跨国公司势力的不断增强，以及国际经济机构（如国际货币基金组织、世界银行和世界贸易组织）作用的加强。下面我们来简要地审视一下这些重要特征。

新自由主义的具体措施包括：

1. 公有企业的私有化
2. 撤销对经济的管制
3. 贸易及工业的自由化
4. 大幅削减税额
5. 采取“货币主义”措施抑制通货膨胀，甚至不惜增加失业率

6. 严格控制劳工组织
7. 减少公共开支,特别是社会性支出
8. 缩小政府部门的规模
9. 扩大国际市场
10. 不再控制全球金融资金的流动

贸易与金融的国际化

许多人把经济全球化与自由贸易中有争议的问题联系了起来。的确,从1947年到20世纪90年代末,世界贸易总值增幅惊人,已由570亿猛增至60000亿。最近几年,当北半球富国通过地区及国际自由贸易协定(如北美自由贸易协定和关贸总协定)不断致力于建立一个全球单一市场时,公众对自由贸易所谓的好处和坏处的讨论达到了白热化的程度。自由贸易的倡导者向公众保证,消除或减少国与国之间现有的贸易壁垒,就可以让消费者获得更多的选择、增加全球财富、确保国际关系的平稳,还可以在全世界范围内推广新技术。

的确,有证据显示,一些国家因为自由贸易增加了国民经济生产力。不仅如此,专业化、竞争和技术传播也给社会带来了一些好处。但人们还不十分清楚,自由贸易产生的利润是否在各国内部以及各国之间得到了公平分配。大多数研究表明,富国与穷国之间的差距正在快速扩大。因此,工会和环境保护组织严厉地批判自由贸易的倡导者,它们宣称,消除社会控制机制使得全球劳动标准降低,生态环境严重恶化,南半球欠北半球的债务越来越多。我们将在第七章再讨论全球不平等这一问题。

南半球：一种比债务更糟的局面

世界上47个最贫穷、负债最多的国家所拥有的财富总额	4220亿美元
西方工业化国家每年用于武器和军队支出的财富总额	4220亿美元
1985年为埃塞俄比亚饥荒赈灾，由“巨星义助非洲慈善演唱会”筹集的资金总数	2亿美元
所有非洲国家每周支付的外债援助总额的利息	2亿美元
联合国估计非洲每年需要用于控制艾滋病教育、防治和治疗的费用总和	150亿美元
非洲国家每年支付的债务总额的利息	135亿美元
扎伊尔每年的人均收入	110美元
为偿还国外债务每个扎伊尔人需要支付的金额	236美元
赞比亚1997年预算中用于偿还国外债务的百分比	40%
赞比亚预算中用于基本社会福利事业（包括卫生和教育）的百分比	7%
世界上欠债最多的国家的债务中，世界银行和国际货币基金组织能够在不影响自身运作的情况下将其免除的债务比率	100%
世界银行和国际货币基金组织实际同意免除的债务比率	33%
2000年埃克森公司的利润额	169亿美元
贝宁、布隆迪、乍得、几内亚比绍、圣多美、多哥、卢旺达、中非共和国、塞拉利昂、马里、索马里和尼日尔的债务总额	169亿美元

资料来源：戴维·鲁德曼，《还在等待大赦年——第三世界贷款危机的实用解决方案》，《世界观察专论》（华盛顿特区：世界观察研究所，2001 年 4 月）：“福音两千年”英国网站 www.jubilee2000uk.org, 2001 年 5 月 17 日阅览；“福音两千年”美国网站 www.j2000usa.org/action5.htm；“减免债务”组织网站 www.dropthedebt.org, 2001 年 5 月 22 日阅览；约瑟夫·卡恩，《美国为非洲提供数十亿美元抗击艾滋病》，《纽约时报》，2000 年 7 月 18 日。次级文献：《世界观察》，第 14 卷，第 4 期，2001 年 7/8 月，第 39 页。

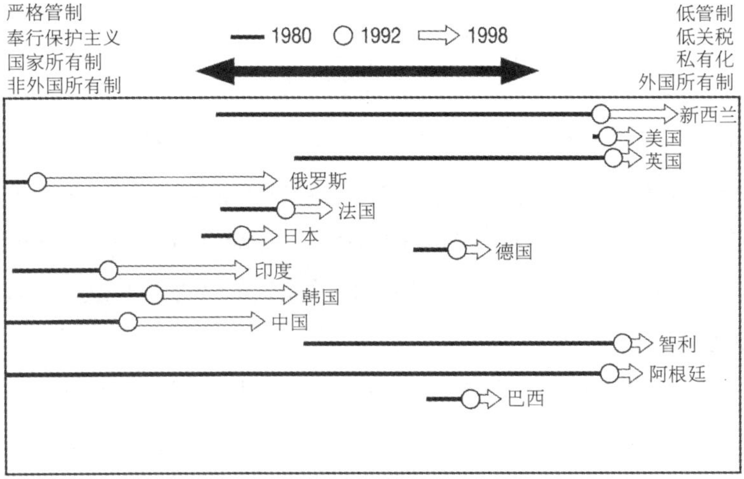

撤销管制和自由化的进展，1980—1998 年。

资料来源：文森特·凯布尔，《全球化与全球管理》（皇家国际事务研究所，1999 年），第 20 页。

贸易的国际化与金融交易的自由化同步发生。前者的主要组成部分包括撤销利率管制、消除信用控制，以及国有银行和金融机构的私有化。随着限制的减少和投资机会的增加，金融交易的全球化增加了金融业不同部分之间的流动性。随着欧洲、美洲、东亚、澳大利亚和新西兰政府逐步撤销对资本和证券市场的控制，这种新的金融基础结构在20世纪80年代出现了。10年后，东南亚国家、印度和几个非洲国家也相继效仿。

上世纪90年代期间，新的卫星系统和光导纤维通讯电缆提供了基于因特网技术的传导系统，这进一步加快了金融交易的自由化。如微软首席执行官比尔·盖茨那本畅销书风靡一时的书名所言，很多人“以思考般的速度做生意”。众多个人投资者不仅利用全球电子投资网下订单，而且还可以获得相关的经济和政治进展方面的宝贵信息。2000年，“电子商务”、“dot.com公司”，以及其他实际参与这种以信息为基础的“新经济”的人，仅在美国就通过网络完成了4000亿美元的交易。到2003年，全球商务交易预计会达到60000亿美元。企图连接纽约、伦敦、法兰克福和东京股票交易的投机活动也正在紧锣密鼓地进行。这种计算机网络空间中的金融“超市”将遍布全球，它的电子触角会伸向无数张分散的投资网，并以惊人的速度进行数十亿次的贸易。

然而，在这些全球金融交易中，有很大一部分资金与为生产性投资（如组装机器和组织原材料、工人生产可出售的商品）提供资本无关。大多数金融资金以高风险的“对冲基金”，以及其他只涉及货币交易的货币和证券市场的形式增长，它们以承诺未来的生产利润做交易——换句话说，投资者是在对还不存在的商品或货币比率下赌注。例如，2000年，仅仅在全球货币市场上，每天的资金交易额就相当于20000亿美元。在推进高风险创新的高度敏感的股票市场的控制下，世界金融体系表现出高度不稳定、竞争疯狂以及普遍不安全的特点。全球投机商经常利用金融和银行的脆弱体系，从发展中国家的新兴市场赚取巨额利润。然而，由于这些国际资金可以快速地反方向流动，它们就能够建立人为的繁荣—衰退循环，从而威胁整个地区的社会福利。1997 至 1998 年期间的东南亚金融危机就是近来金融交易全球化所导致的经济倒退。

东南亚金融危机

20 世纪 90 年代，为了吸引国外的直接投资，泰国、印度尼西亚、马来西亚、韩国和菲律宾政府都逐渐取消了对国内资金流动的限制。为建设更稳定的货币环境，这些国家提高了国内利率，并把本国货币与美元的价值联系起来。随后，缺乏理性的国际投资者欣喜若狂，这使得整个东南亚的股票和房地产市场飞速上涨。然而直到 1997 年，投资者才发现，由于通货膨胀的原因，价格已经远远超过实际价值。他们惊恐万状地收回了 1050 亿美元，迫使这些国家的政府废除联系汇率。由于无法阻止随之而来的货币价值自由下滑，这些国家用尽了它们全部的外汇储备。由此，经济产出减少，失业人数增加，工资水平直线下跌。国外银行和债权人做出反应，拒绝新的贷款申请和扩大已有的贷款。1997 年末，整个东南亚地区陷入了金融危机带来的痛苦之中，并产生了可能引发全球经济衰退的威胁。由于国际社会的经济援救方案，加上迅速以最低价向外国投资者出售东南亚的商业资产，这才勉强免于遭致灾难性的后果。时至今日，东南亚国家的普通民众还在经受由那场经济灾难带来的社会和政治方面的可怕后果。

图 7 纽约证券交易所。平均每个交易日有数十亿股票在这里易手。

跨国公司的力量

所谓跨国公司,其实就是我们在上一章中所讨论的早期现代商业企业的当代版本。在几个国家拥有子公司的大公司的数量,已从1970年的7000家猛增到2000年的5万家。像通用汽车公司、沃尔玛公司、埃克森美孚公司、三菱公司和西门子公司这些企业,都属于200家最大的跨国公司,它们的产量占世界工业总产量的一半以上。所有这些公司的总部无不设在北美、欧洲、日本以及韩国,这种地理分布的集中性反映了当下南北之间不均衡的力量关系;然而即使是在北半球内部,也存在着明显的力量差别。1999年,200家主要跨国公司中有142家的总部设在美国、日本和德国这三个国家。

就经济实力而言,这些公司超过了民族国家,它们掌控着全世界大多数的投资资金、技术以及进入国际市场的通道。为了保持其在全球市场领域的显赫地位,跨国公司经常与其他公司合并,近期的合并包括:世界最大的因特网供应商美国在线与娱乐界巨头时代华纳合并,其总额为1600亿美元;戴姆勒-奔驰汽车公司以430亿美元收购克莱斯勒汽车公司;以及1150亿美元的斯普林特公司与世界通信公司的合并。仔细研究公司的销售额和各国的国内生产总值就会发现:全球经济100强中有51个是公司,而只有49个是国家。由此,难怪一些评论家会把经济全球化的特征描述为"公司全球化"或"来自上层的全球化"了。

随着政府逐渐撤销对全球劳务市场的管制,跨国公司加强了它们的全球运作。在南半球,它们可以获得廉价的劳动力、资源以及有利的生产条件,这就提高了公司的灵活性和效益。跨

跨国公司与国家:一项比较

	国家	国内生产总值（百万美元）	公司	销售额(百万美元)
1	丹麦	174,363.0	通用汽车公司	176,558.0
2	波兰	154,146.0	沃尔玛公司	166,809.0
3	南非	131,127.0	埃克森美孚公司	163,881.0
4	以色列	99,068.0	荷兰皇家 / 壳牌公司	105,366.0
5	爱尔兰	84,861.0	国际商用机器公司	87,548.0
6	马来西亚	74,634.0	西门子公司	75,337.0
7	智利	71,092.0	日立公司	71,858.5
8	巴基斯坦	59,880.0	索尼公司	60,052.7
9	新西兰	53,622.0	本田汽车公司	54,773.5
10	匈牙利	48,355.0	瑞士信贷公司	49,362.0

资料来源:销售额:《财富》杂志,2000 年 7 月 31 日;国内生产总值:世界银行,《2000 年世界发展报告》。

国公司占有世界贸易 70%以上的份额，在 20 世纪 90 年代期间,它们的国外直接投资以每年 15%左右的幅度递增。它们能够在世界许多不同地区把生产进程分割为众多环节,这反映了全球生产本质的变化。这种跨国生产网络使得如耐克公司、通用汽车公司、大众公司这样的跨国公司能够以全球规模生产、分配和销售它们的产品,例如,耐克公司就将全部生产分包给了中国、韩国、马来西亚和泰国的 75000 个工人。跨国生产网络使得跨国公司更容易越过以国家为基础的工会组织以及其他工人组织,从而增强全球资本主义的实力。在几次成功的消费者抵制和其他形式的非暴力直接行动中，通过赢得公众的参与，全世界反血汗工厂运动的积极分子对跨国公司的这些策略做出了回应。

毫无疑问，跨国公司实力的增长深刻地改变了国际经济的结构与功能。这些巨型公司及其全球战略已经成为了全球贸易流动、工业分布和其他经济活动的主要决定因素。因此，跨国公司在影响许多国家的经济、政治和社会福利制度方面扮演着极其重要的角色。最后，再举一个例子。

诺基亚公司在芬兰经济中的作用

诺基亚公司是以芬兰西南部一个小镇的名字命名的，它从十多年前一个不起眼的公司一跃成为了一家大型跨国公司，世界上销售的每 100 部手机中就有 37 部是由该公司生产的。现在，它的产品用一张无形的网将全球 10 亿人连接起来。然而诺基亚公司给芬兰的回报，即让它成为全球令人瞩目的内部联系最为紧密的国家，却是以经济依赖为代价的。诺基亚公司是芬兰经济的龙头，占有股市价值的三分之二以及全国出口总量的五分之一。该公司雇佣了 22000 个芬兰人，这还不包括大约两万个凭合同为诺基亚工作的本国非芬兰裔雇员。诺基亚公司为荷兰税收贡献了很大一部分，其年销售额高达 250 亿美元，几乎相当于整个国家的预算。然而当近些年诺基亚公司的发展速度减缓时，公司主管人员透露说，他们对国家相对过高的所得税不满。现在，很多芬兰民众担心，诺基亚公司为数不多的几个管理人员的决策可能会迫使政府减少公司税收，从而废弃本国丰厚的、平等主义的福利制度。

国际经济机构作用的加强

在经济全球化的语境中，最常提到的三个国际经济机构是国际货币基金组织、世界银行和世界贸易组织。这三个机构享有制定并实施全球经济规则的特殊地位，这是由南半球与北半球之间的实力差别决定的。由于我们将在第七和第八章中详细讨论世界贸易组织，所以在此我们要重点讨论另外两个机构。如前文所指出的，国际货币基金组织和世界银行都源于布雷顿森林体系。冷战期间，这两大机构的作用是为发展中国家提供贷款，这与西方遏制共产主义的政治目标有关。自20世纪70年代以来，尤其是在前苏联解体后，国际货币基金组织和世界银行的经济日程与新自由主义的利益保持一致，这是为了在全世界范围内整合市场，并减少政府对市场的控制。

国际货币基金组织和世界银行可以向发展中国家提供急需贷款，作为回报，它们应债权国的要求要在这些发展中国家实行所谓的“结构性调整计划”。20世纪90年代这套新自由主义政策在发展中国家实施后，经常被称为“华盛顿共识”，它是由20世纪70年代曾任国际货币基金组织顾问的约翰·威廉森设计并调整的。这一计划的各个部分主要是针对还有大量20世纪七八十年代外债残留的国家的，其官方目的是在发展中国家改革债务国的内部经济机制，从而有利于它们尽早偿还贷款。然而，实际上，这个计划的条款清楚地表现了一种新的殖民主义形式。威廉森所界定的“华盛顿共识”的10个要点要求各政府必须实行以下结构调整，然后才能获得贷款资格：

1.确保财政纪律，控制预算赤字；

2.削减公共支出，特别是在军事和公共管理方面；

3.税制改革，旨在创建一个基础广泛、执行有效的体制；
4.金融自由化，由市场来决定利率；
5.实行竞争汇率，支持由出口带动的经济增长；
6.贸易自由化，外加取消进口许可制度以及降低关税；
7.促进国外直接投资；
8.将国有企业私有化，达到高效管理和提高效益；
9.撤销对经济的管制；
10.保护产权。

难怪这一计划叫做“华盛顿共识”，因为从一开始，美国就是国际货币基金组织和世界银行的主导力量。然而，不幸的是，这些机构发放的大部分“开发贷款”或者进了独裁政治领导者的私囊，或者养肥了他们通常为之服务的当地企业和北半球公司。有时候，过多的资金都消耗在了不成熟的建设项目上。最重要的是，结构性调整计划很少能达到“开发”债务社会的预期效果，因为削减公共开支的规定减少了社会项目的数量和教育机会，加剧了环境污染以及绝大多数人贫困的程度，最典型的就是国家预算的最大份额都消耗在了供给未偿还的债务上。例如，1997 年发展中国家支付债务的总费用为 2920 亿美元，但得到的新贷款却只有 2690 亿美元。这意味着从南半球向北半球净转移了 230 亿美元的财富。在反全球主义势力的压力下，直到最近，国际货币基金组织和世界银行才同意考虑一下在特殊情况下豁免总括债务的一项新政策。

新自由主义经济学与阿根廷

不到十年前，国际货币基金组织和世界银行的官员认为阿根廷是“典型的发展中国家”。大量结构性调整计划导致阿根廷的国有企业走向私有化，关税被削减，很多社会项目被废除；阿根廷政府为较低的失业率、钉住美元的稳定货币以及雄厚的外国投资而庆幸。短短的几年之间，自由主义经济学似乎被证明是正确的；然而当国际货币基金组织要求从紧的偿还新贷款的措施时，阿根廷的经济开始出现了问题。2000 年 6 月，为符合国际货币基金组织赤字方针的要求从而得到 72 亿美元的应急信用额度，政府开始缩减预算，这引发了集体大罢工，国家陷入了瘫痪状态。2002 年 1 月，在经过了大城市数月强烈的街头抗议活动之后，阿根廷正式决定不偿还高达 1410 亿美元的巨额公共债务。为了防止国家金融和社会的彻底崩溃，在短短两个星期内，阿根廷第五任总统爱德华多·杜阿尔德进一步限制人民获取储蓄存款，降低比索与美元的汇率。几小时内，货币贬值三分之一，普通人的劳动成果被洗劫一空。“阿根廷已经破产完蛋，”总统承认，“这个[新自由主义的]模式把所有一切都一扫而空。”

如本章所示，我们几乎无法将全球化的经济视角与对政治进程和机构的分析截然分开。毕竟，全球经济互联性的加强不是简单地凭空而来；相反，它是由一系列政治决策启动的。因此，本章尽管承认经济学对我们讨论全球化的重要性，但在同时，最后还想提出如下建议：我们应该怀疑那些片面的说法，即把不断扩大的经济活动看做全球化的主要方面并将其视为快速发展背后的动力。全球化的本质是多向度的，它要求我们更加详尽和充实地去论述全球化经济与政治方面的互动。

第四章
全球化的政治向度

政治全球化是指全球范围内政治关系的强化和扩展。这些进程提出了一系列重要的政治问题，它们与国家主权的原则、政府间组织日益扩大的影响力以及地方与全球管理的前景相关。显然，这些主题与超越民族国家框架的政治安排的演变相对应，从而开辟了全新的概念基础。毕竟，过去几个世纪以来，人类都以领土为界来建构他们的政治差异，从而产生一种对某一特定民族国家的“归属”感。

地球的社会空间被人为地划分为“本国”和“外国”，这与人们创造一个基于共同的“我们”和陌生的“他们”之上的集体身份相对应。因此，现代民族国家制度依赖于心理根基和文化想象，它们传达了生存的安全感和历史的延续感，同时要求以民族忠诚来考验公民。在将他者形象妖魔化的影响下，人们相信自己民族的优越性，这为发动大规模战争提供了必要的精神能量——正如现代国家强大的生产能力为上世纪的“全面战争”提供了必要的物质条件一样。

全球化的当代表现部分地越过了这些古老的领土国界；在这一过程中，它同时也弱化了坚不可摧的观念和文化分界。在强调这些倾向的同时，鼓吹全球化者认为，20 世纪 60 年代末迄今这段时期的特点是政治、统治和管理上彻底的“去领土化”。而全球化怀疑论者则认为这些说法最多不过是不成熟的表现,从最坏处说甚至是错误的,他们不但确认了民族国家作为现代社会生活的政治承载者仍然具有相关性,而且指出地区集团的出现是新形式的领土化的迹象。因为这两群人对现代民族国家命运的估量存在差异,所以他们对经济和政治因素孰轻孰重也在争论不休。

在这些争论中,出现了探讨政治全球化程度的三个基本问题:第一,跨越国界的资本、人口和技术的大量流动是否真的削弱了民族国家的权力? 第二,这些流动的主要原因在于政治原因还是经济原因?第三,我们是否已经看到全球管理的出现?在详细回答这些问题之前,先让我们来简要地考虑一下现代民族国家制度的主要特征。

现代民族国家制度

现代民族国家制度的起源,可以追溯到 17 世纪欧洲的政治发展。1648 年,《威斯特伐利亚和约》结束了新教宗教改革后欧洲大国的一系列宗教战争。以最新形成的主权和领土原则为基础,随之出现的自给自足、非个人化的国家模式,挑战了中世纪拼凑起来的小政体。这些小政体的政治权力往往是地方性的,它们集中在个人手里,但仍然服从于一个较大的帝国政权。威斯特伐利亚模式的出现并没有使广袤的帝国疆域的跨国特点在一夜之间黯然失色,但它却逐渐强化了一个新的国际法观念,该观念基于所有国家都有平等的自决权这一原则之上。不管是处于法国和普鲁士专制国王的统治下,还是处于形式更加民主的英国和荷兰君主立宪制和共和国领导者的统治下,这些统一的疆域都构成了现代性世俗的基础和民主政治权力体制的基础。根据政治学家戴维·赫尔德的看法，威斯特伐利亚模式包含了以下几个要点：

1. 世界由不承认更高权威的拥有主权领土的国家组成，而且划分为这样的一些国家。
2. 主要由单个国家掌握制定法律、解决争端以及实施法律的过程。
3. 国际法倾向于建立共存的最低规则；建立长久关系是一个目的，但它必须要符合国家目标。
4. 跨越国界的过错行为的责任只是与当事人相关的“私人问题”。
5. 认为所有国家在法律面前一律平等，但法律条款并不考虑国力的不平衡。
6. 国家通常以武力解决争端，一切都是由强国说了算。实际上并不存在遏制武力使用的法律约束，国际法律准则只提供最低程度的保护。
7. 所有国家共同的首要任务在于把限制国家自由的障碍减少到最低。

《威斯特伐利亚和约》签订后的几个世纪里，政治权力进一步集中，国家管理机构进一步扩张，专业外交进一步发展，国家成功地垄断了高压政治手段；而且，国家提供了商业扩张所必需的军事手段，这反过来又促进了欧洲政治统治模式在全球的传播。

第一次世界大战末期，美国总统伍德罗·威尔逊提出了有名的基于民族自决原则的“十四点”协议，致使现代民族国家制度有了新的表现形式。他设想所有形式的民族身份都应该在领土上表现为拥有独立主权的“民族国家”,但实现这一点却非常困难;而且,由于威尔逊把民族国家神圣化为他所提出的国际体系的道德和法律的最高点,他无意间就使那些激进的种族和民族主义势力获得了某种合法性,它们把世界主要强国再次推进了一次全球规模的战争。

然而,威尔逊对民族国家的苦心孤诣与他的国际主义梦想是分不开的, 他想在国际联盟这一新的国际组织的领导下,建立一个集体安全的全球体系。随着 1945 年联合国的成立,威尔逊意在使国际合作形成机构的想法最终得以实现。虽然联合国和其他新兴的政府间组织深深根植于以现代民族国家体制为基础的政治秩序,但它们也促进了跨越国界的政治活动不断扩展,并因此破坏了国家主权独立的原则。

随着全球化趋势在 20 世纪 70 年代日益加强,由一个个国家组成的国际社会迅速转变为政治上相互依存的全球网络,这对民族国家的主权形成了挑战。1990 年,海湾战争伊始,美国总统乔治·H.W.布什成功地宣布了“新世界秩序”的产生,这实际上宣告了威斯特伐利亚模式的死亡,新秩序的领导者不再尊重跨越国界的过错行为只与当事国有关的看法。这意味着现代民族国家制度不再可行了吗?

民族国家的终结?

鼓吹全球化者以肯定的方式回应了以上的问题。同时,他们中的大多数人认为,政治全球化不过是在更为根本的经济和技术力量的推动下产生的次要现象而已。他们主张,一股不可遏制和无法抗拒的技术和经济力量几乎已经使政治变得软弱

图 8 联合国安理会在开会。安理会由 15 个国家组成，其中的五个国家——美国、英国、法国、俄罗斯和中国——是永久成员国。根据《联合国宪章》第 25 条的规定，成员国必须遵守安理会的决议。

无力，它会破坏政府重新引入限制性政策和规定的所有企图。这些评论者赋予经济一种不同于政治甚至超越政治的内在逻辑，他们期待着世界历史的一个新阶段，届时，政府的主要作用将不过是全球资本主义的一个超导体而已。

鼓吹全球化者宣布一个“没有国界的世界”的兴起是为了让公众相信，作为理解社会政治变化的一个有意义的概念，全球化必然涉及国界的消亡。因此，这群评论者认为，政治权力存在于全球社会的构成中，体现在全球网络而不是以领土为基础的国家上。实际上他们主张，在全球经济中民族国家已经不再起主导作用了。随着领土的分界变得越来越不重要，甚至就连国家也不再那么有能力决定国内社会生活的方向了。比方说，由于与真正的全球资本市场运作相比，民族国家控制汇率或者保护本国货币的能力相形见绌，它们也就更容易受到其他地方经济政策的影响，对此，国家并不能进行实际的控制。鼓吹全球化者坚持认为，地方经济与近乎完美的全球生产交换网络的联合将决定未来最基本的政治秩序。

一些全球化怀疑论者持有不同意见，他们反而强调政治在释放全球化力量中发挥的关键作用，特别是在通过政治力量进行成功动员这一方面。他们认为，全球经济活动的快速扩展不能简单地归因于市场的自然法则和计算机技术的发展；相反，它来自 20 世纪八九十年代新自由主义政府撤销资本国际限制的政治决策。一旦那些决策得以执行，全球性市场和新技术就应运而生了。这一观点清楚地表明，领土仍然很重要。因此，全球化怀疑论者坚持认为，无论是以现代民族国家的形式还是以世界性城市的形式而运作，传统的政治单位仍然难脱干系。

在我看来，无论是鼓吹全球化者还是全球化怀疑论者，他们都还在类似于鸡生蛋还是蛋生鸡这种令人特别苦恼的问题上纠缠不休。无论如何，政治决策启动了相互依存的经济形式，而这些决策又是在某些特定的经济语境里制定的。如我们在前几章里所指出的，全球化的政治和经济方面是紧密联系在一起的。无疑，最近的一些经济发展，如贸易自由化和撤销对经济的管制，已经极大地限制了国家的政治选择——在南半球尤其如此。例如，资本现在已经越来越容易逃脱税收和其他国家政策的限制，这样一来，全球市场经常削弱了政府设定独立的国家政策目标以及强制执行国内标准的能力。因此，我们应该承认作为主权实体的国家的衰落以及由此引起的国家权力向地区、地方政府和各种跨国机构的转移。

另一方面，这一妥协让步未必是说，面对全球力量的运作，民族国家已经成为了无能为力的旁观者。政府仍然可以采取措施，从而使它们的经济或多或少地吸引全球投资者。另外，民族国家仍然控制着教育、基础设施以及最为重要的人口流动。确实，人们经常援引说，全球一体化这一总趋势最为显著的例外就是控制移民以及登记和监管人口。虽然世界上只有2%的人口生活在他们的出生国之外，控制移民却已经成为了大多数发达国家的核心事务。许多政府企图限制人口流动，特别是那些来自南半球穷国的人口。即使是在美国，20世纪90年代年均六十万左右的移民也只不过是20世纪头20年记录数的一半而已。

最后，作为对"9·11"恐怖袭击的回应，全世界采取了一系列重大的国家安全措施，由此反映出的政治动因与鼓吹全球化者所预言的无国界世界正好相反。一些民权运动者甚至担心，全世界爱国主义的卷土重来或许会使国家重新限制运动和集会。而与此同时，全球恐怖主义网络的活动已经暴露出了以现代民族国家制度为基础的传统国家安全结构的不足，从而迫使各国政府致力于新形式的国际合作。

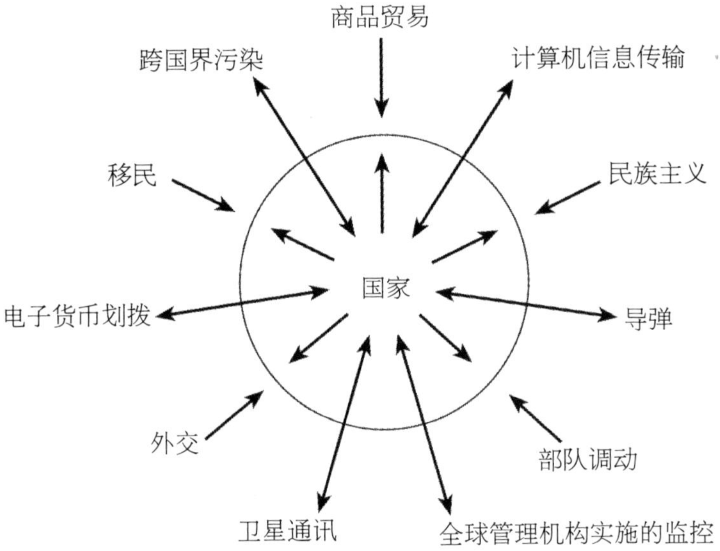

全球化世界中的民族国家。

资料来源：简·阿特·肖尔特，《世界政治的全球化》，选自约翰·贝里斯和史蒂夫·史密斯编写的《世界政治的全球化》，第2版（牛津大学出版社，2001年），第22页。

那么总的来说，我们应该拒绝过早地宣布民族国家即将终结，同时也要承认民族国家已经越来越难以履行它的一些传统功能。当代全球化已削弱了国内和国外政策之间的一些传统界限，同时促进了跨国界的社会空间和机构的成长，这自然又动摇了传统的政治格局。21世纪伊始，世界正处在现代民族国家体系与后现代全球管理形式之间的一个过渡阶段。

政治全球化和全球管理

政治全球化最显著地体现在了跨国机构和联盟的兴起之上，这些机构和联盟由共同的规范和利益连在一起。在这一全球管理的早期阶段，这些组织仿佛是一个由相互联系的力量中心(如省市政府、地区集团、国际组织，以及国内和国际的民间私营联盟)构成的网络。

在省市层次上，在各个地方当局之间，提出政策和跨国界接触的数量有了显著增长，例如，在中国的省份和美国的联邦州之间已经建立了永久性的联络团体和联络点，其中的一些能够相对独立地运作，很少受到各自国家政府的监督。为获得贷款，加拿大、印度和巴西的各省份和联邦州也开始发展它们自己的贸易日程和金融战略了。城市国际合作的一个例子是像世界大都市联盟这样的强大城市网络的兴起，它们开发合作性的投机事业，从而处理共同的跨越国界的地方性问题：像东京、伦敦、纽约和新加坡这样的“世界性城市”彼此之间联系密切，就密切程度而言，往往超过它们与各自国内许多城市的联系。

在地区层次上，多边组织和协定大量产生。全世界地区性协会与机构的涌现使得一些观察家认为，它们最终会取代民族国家成为基本的管理单位。最初，这些地区性集团是因整合地区经济而出现的，有时它们已经发展成为松散的政治联盟，拥有共同的管理机构。例如，1950 年创建的欧洲共同体源于法国外交部长罗伯特·舒曼一个不起眼的计划，它旨在建立一个负责管理法国和德国煤炭和钢铁生产的跨国机构；半个世纪之后，15 个成员国已经形成了一个具有政治机构的紧密的共同体，它制定共同的公共政策，设计休戚与共的安全计划。1991

年前苏联解体之后，东欧的许多国家已经正式申请加入欧盟。

在全球范围内，各国政府已经组成了许多国际组织，包括联合国、北大西洋公约组织、世界贸易组织和经济合作与发展组织。这些组织完全合法的成员资格只向国家开放，它的决策权来自各国政府的代表。这些世界团体的激增表明，民族国家已经越来越难以管理不断蔓延且相互依存的社会网络了。

最后，新兴的全球管理结构也受到了“全球公民社会”的影响，这个领域主要由世界范围内成千上万自发的非政府组织组成。像大赦国际组织以及绿色和平组织这样的国际非政府组织代表着上百万普通民众，他们随时准备挑战民族国家和政府间组织的经济和政治决策。在第八章里，我们会再讨论其中一些组织的反全球主义活动。

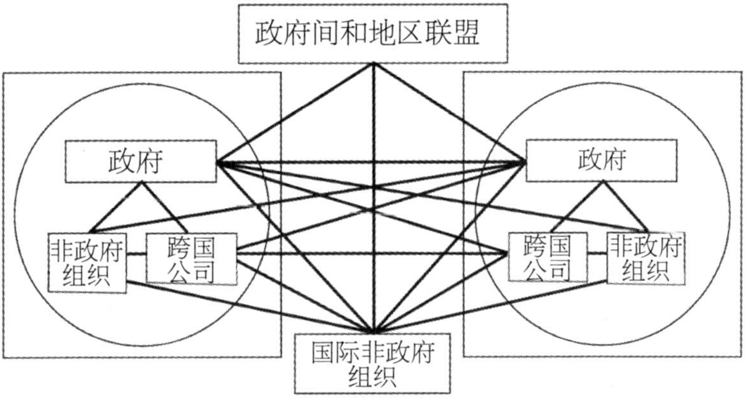

发端时期的全球管理：相互联系的权力中心网络。

资料来源：改编自彼得·威利茨的《全球政治中的跨国因子与国际组织》，摘自贝里斯和史密斯合编的《世界政治的全球化》，第379页。

一些全球化研究者相信，政治全球化可能会促进民主的跨国社会力量的出现，它根植于蓬勃发展的全球公民社会。这些乐观的声音预言民主权利将最终摆离与泾渭分明的领土单位的狭隘关系，它们期待着出现一种民主的全球管理结构，这种结构基于西方的世界主义理想、国际法律运作以及各种政府和非政府组织间不断扩展的联系网之上。如果这样一个诱人的远景方案果真能够实现，那么世界主义民主的出现可能会是政治全球化的最终结果，它会成为在相互容忍和彼此负责的结构中多元身份活跃的基础。根据这一观点的主要阐述者之一戴维·赫尔德的看法，未来的世界主义民主包含下列政治特征：

1. 一个与各地区、国家和地方相联系的全球议会；
2. 一个有关权利和责任的新宪章，它关注政治、社会和经济力量的各个方面；
3. 经济利益与政治利益的正式分离；
4. 一个相互联系的全球法律体系，它具有从地方到全球的强制执行机制。

一批并不那么乐观的评论者质疑政治全球化正在走向世界主义民主这一看法。大多数批评可以归结为：政治全球化沉湎于一种幻想的、抽象化的理想主义之中，没有考虑当前公共政策层面的政治发展。怀疑论者还认为，世界主义的提倡者没有充分仔细地考虑全球民主在文化上的可行性——换句话说，世界范围内文化、经济和政治互动的加强会引起对立和反抗，这似乎与那个彼此融合、宽容差异的温和而美好的幻想同样真实。要继续探究全球化的这一文化向度，就让我们进入下一章吧。

第五章

全球化的文化向度

即使写一本十分简略的介绍全球化的入门书，如果不去审视它的文化向度，也会给人留下遗憾和不足。文化全球化是指全球范围内文化活动的加强与扩展。显然，“文化”是一个相当宽泛的概念；人们经常用它来描述所有的人类经验。为了避免下文出现概括过度的问题，就必须对社会生活的各个方面进行分析和区别。例如，我们把形容词“经济的”与商品的生产、交换和消费联系了起来；如果讨论“政治的”方面，我们是指与社会中权力的产生和分配有关的实践活动；如果讨论“文化的”方面，我们关注的是意义的象征性构建、表达和传播。鉴于语言、音乐和图像构成了象征性表达的主要形式，它们在文化领域中具有特殊的意义。

过去几十年里，文化互联和依存的网络蓬勃发展，这使得一些评论者认为，文化实践是当代全球化的核心。然而，文化全球化并非始于摇滚乐、可口可乐或足球在全世界的传播。正如第二章所指出的，文明间的广泛交流比现代性要古老得多。尽管如此，当代文化传播在数量和程度上都大大超过了以前的各个时期。在因特网和其他新技术的带动下，相比起以往，我们这个时代主要的意义象征系统，如个人主义、消费主义以及各种宗教话语,得到了更加自由和广泛的传播。因为思想和图像能够轻易而快速地从一地传播到另一地,所以它们深刻地影响了人们对日常生活的体验方式。现在,文化实践经常避开如城镇和国家这样的固定地点,最终在与全球主要主题的互动中获得新的意义。

由于研究文化全球化的学者涉猎的主题图景广阔,提出的问题太多,我们无法在这本简略的入门书里进行充分论述。本章并不想提供一长串相关话题的清单,而只是想重点讨论四个重要主题:新兴的全球文化中同一性与差异性之间的张力,跨国媒体公司在传播大众文化方面的重要作用,语言的全球化,以及物质主义和消费主义的价值观对我们这个星球的生态系统的影响。

全球文化:同一性还是差异性?

全球化让全世界的人们变得更加相似还是更加不同?这是在讨论文化全球化这一主题时经常提到的问题。一群所谓的“鼓吹全球化的悲观的评论家”赞同前者,他们认为,我们并非正在走向一个反映世界现存文化多元性的文化幻想。相反,我们看到的是一个不断被同质化的大众文化的兴起,支撑它的是以纽约、好莱坞、伦敦和米兰为中心的西方的“文化产业”。这些评论家指出,他们这一解释的证据是,亚马孙河区的印第安人穿着耐克训练鞋,南撒哈拉沙漠的居民购买美国德士古棒球帽,巴勒斯坦青年在拉姆安拉商业区炫耀他们的芝加哥公牛队的运动衫。这种文化同质说的阐述者把英美价值观和消费品的传播看做“世界的美国化”,他们认为,西方的规范和生活方式正在颠覆那些更为弱小的文化。虽然有些国家在努力抵制这些

“文化帝国主义”的力量——例如，在伊朗，人们被禁止使用圆盘式卫星天线，法国对进口电影和电视节目强制实行配额和关税制度——但在美国，大众文化的传播似乎势不可当。

在北半球主要国家内部，这些同一性的表现也很明显。美国社会学家乔治·里茨发明了“麦当劳化”这个术语来描述这一广泛的社会文化进程，由此，快餐店原则开始逐渐控制美国社会和世界其他地方越来越多的行业部门。从表面上看，这些原则似乎是合乎理性的，它们努力以高效而平常的方式来满足人们的需求。然而，在声称“喜欢见到你微笑”的这类不断重复的电视商业广告背后，我们能看出一些严重的问题。其一，一般来说快餐食品营养价值低，其中脂肪含量尤其高——这成为了出现严重健康问题（如心脏病、糖尿病、癌症和儿童肥胖症）的内在根源；而且，“理性的”快餐服务企业的运作例行公事，缺乏人情味，这实际上破坏了多元文化的表现形式。从长远来看，世界的麦当劳化意味着把统一的标准强加于人，这削弱了人类的创造力，而且使社会关系变得非人性化了。

美国式的生活方式

弗吉尼亚州莱克里奇一家西夫韦连锁超市出售的带包装面包的品种数	104
以上那些面包中不含氢化油脂或甘油二酯的品种数	0
快餐业每年用于电视广告的费用总额	30亿美元
用于推广美国国家癌症研究所“每日五项”计划（鼓励人们消费水果和蔬菜以预防癌症和其他疾病）的费用总额	100万美元
星巴克出售的“咖啡饮料”的品种数（其店面每周接待五百多万名顾客，他们大多匆忙进出）	26

20 世纪 50 年代纽约市格林威治村咖啡店里的"咖啡饮料"的品种数	2
2001 年郊区居民可购买的新型汽车的品种数	197
大多数郊区居民除汽车外可以利用的其他便捷交通方式的数量	0
2000 年美国日报的品种数	1,483
控制以上大多数报纸的公司的数量	6
美国人平均每周空闲的小时数	35
美国人平均每周看电视的小时数	28

资料来源：埃里克·索斯勒，《快餐国家》（霍顿与米夫林出版社，2001 年），第 47 页；www. naa.org/info/facts00/11.htm;《2001 年消费者报告购买指南》（消费者协会，2001 年），第 147—163 页；劳里·加勒特，《信任的背叛》（海波龙，2000 年），第 353 页；www.roper.com/news/content/news169.htm;《2001 年世界年鉴》（世界年鉴图书公司，2001 年），第 315 页；www.starbucks.com。

在这群悲观的鼓吹全球化者当中，最有思想的分析者或许要数美国的政治理论家本杰明·巴伯了。在讨论这一主题的一本畅销书里，他告诫读者要防范他称之为"麦克世界"的文化帝国主义——那是一个没有灵魂的消费资本主义，它正在迅速地把世界多样化的人口变成一个冷漠和统一的大市场。对巴伯来说，在奉行扩张主义的商业利益的驱使下，麦克世界是 20 世纪五六十年代拼凑起来的美国肤浅流行文化的产物。音乐、影像、戏剧、书籍和主题乐园服务于美国的形象并向外输出了这一形象，它们围绕共同理念、广告口号、明星、歌曲、品牌、打油诗以及商标创造了共同的趣味。

乐天派的鼓吹全球化者也赞同他们悲观的同仁，认为文化全球化产生了更多的同一性，但他们认为这是一件好事情。例如，美国社会理论学家弗朗西斯·福山明确地表示，他欢迎英美价值观和生活方式在全球的传播，并认为世界的美国化就是民主和自由市场的扩展。但是，乐天派的鼓吹全球化者并不是以美国沙文主义者的样子出现，在世界范围内应用命定扩张说①这一陈旧的主题。这个阵营的一些代表人物把自己看做坚定的世界主义者，把因特网赞美为同质化的“技术文化”的先驱。另一些人则热衷于自由市场，拥护全球消费资本主义的价值观念。

承认世界上存在强大的同质化倾向是一回事，而断定我们这个星球上现存的文化多元性注定会消失则是另一回事了。实际上，一些有影响的评论者提出了一个相反的推测，它把全球化与新形式的文化表现联系了起来。例如，社会学家罗兰·罗伯逊主张，全球文化的流动经常会给地方文化注入活力。因此，地方差异和特色并非完全被西方同质性的消费主义力量所淹没，它们在创造璀璨的独特文化方面仍发挥着重要作用。罗伯逊认为，文化全球化总是发生在地方语境里；他摒弃了文化同质化这一论点，相反，他提出了“全球地方化”——具有文化借鉴特点的全球与地方的复杂互动。文化“杂交性”的最终表现不能简化为泾渭分明的“同一性”或“差异性”。如我们在前面讨论奥萨玛·本·拉登时所指出的那样，这种杂交化过程在时尚、音乐、舞蹈、电影、食品和语言方面表现得最为显著。

在我看来，鼓吹全球化者和怀疑论者各自的观点未必水火不容。当代跨越文化界限的生存和行为经验既意味着传统意义的丧失，也意味着新的象征表现方式的产生。重新建构的归属感与一种流动不居的感觉不安地共存。文化全球化使人们的意

① 19世纪，美国扩张主义者认为美国的对外扩张为天命所定。

识发生了显著的转变。实际上，现代性的旧结构似乎正逐渐被一个新的后现代框架所取代，其特点是对身份和知识的感觉不再那么稳定。

鉴于全球文化流动的复杂性，人们实际上可以预料到不均衡和自相矛盾的结果。在某些情境里，这些流动或许会改变传统的民族身份的表现形式，使它朝着具有同一性特点的大众文化方向发展；在其他情境里，它们或许会促生新的文化排他主义的表现方式；在另外一些情境里，它们还会鼓励文化杂交。那些笼统地指责美国化所带来的同质化效果的评论者必须记住，在当今世界，几乎没有一个社会拥有“本真的”、自足的文化。那些对繁荣的文化杂交性感到极度失望的人应该听听激动人心的印度摇滚乐，欣赏一下夏威夷复杂的洋泾滨英语，或者享受一下古巴式中国菜的烹饪乐趣。最后，那些欢迎消费资本主义传播的人需要注意它带来的负面效应，如社区情感的大幅削弱及自然和社会的商品化。

媒体的角色

在很大程度上，全球媒体帝国生产和指挥着我们这个时代的全球文化流动，它们依靠强大的通讯技术传播信息。这些公司以程式化的电视节目和毫无思想性可言的广告渗透进了全球文化，不断地塑造着全世界人们的身份和欲望。在过去 20 年里，一小部分巨型跨国公司已慢慢控制了全球娱乐、新闻、电视和电影市场。2000 年，仅 10 家媒体企业集团——美国电话电报公司、索尼公司、美国在线-时代华纳公司、贝塔斯曼集团、自由媒体集团、维旺迪环球公司、维亚康姆公司、通用电气公司、迪士尼公司和新闻集团——就占世界通讯业年均收入(2500 亿美元到2750 亿美元)的三分之二还要多。2000 年上半年,全球媒体、因特网、电信业联合组织的交易额达到 3000 亿美元,这一数字是1999 年前六个月的三倍。

即使在 15 年前,也不存在一家控制着本杰明·巴伯所谓的“信息娱乐电信业”的当代巨型媒体公司。到 2001 年,几乎所有这些公司都名列世界非金融业企业的 300 强。当今,大多数媒体分析者都承认,与 20 世纪早期的石油和汽车业相类似,一个全球性商业媒体市场的出现就意味着商品供应寡头独占式的垄断。几十年前举足轻重的文化创新者——独立的小型唱片公司、无线电台、电影院、报纸和图书出版公司——事实上已经销声匿迹,因为它们发现自己根本没有能力和媒体巨头竞争。

这种金融与文化的勉强结合带来了显著的负面效应。电视节目变成了全球性的“流言蜚语市场”,为各个年龄层次的读者和观众提供美国名人(如布兰妮·斯皮尔斯、詹妮弗·洛佩兹、莱昂纳多·迪卡普里奥和科比·布莱恩特)空洞无聊的私生活细节。有证据表明,全世界的人们,特别是北半球那些富国的人们,看电视的时间超过以前任何时候。例如,在美国,每个拥有电视的家庭看电视的日平均时间从 1970 年的 5 小时 56 分钟增长到了 1999 年的 7 小时 26 分钟。同年,美国的电视进户率为 98.3%,其中 73.9%的用户拥有两台或更多台电视机。2000年,美国电视广告的喧嚣达到史无前例的程度,黄金时段每小时的商业广告最长的超过了十五分钟,这还不包括时不时就露脸的当地广告。美国的电视广告业务量从 1970 年的 36 亿美元增长到了 1999 年的 504.4 亿美元。最近有研究表明,美国 12 岁的儿童每年平均要看两万部电视商业广告片,而那些蹒跚学步的两岁孩子也已经开始信任商标品牌了。

2001年“十大”媒体企业集团

美国电话电报公司(对以下这些公司拥有部分或大部分的所有权)

电视:7个网络(包括华纳兄弟公司、家庭票房电视台和娱乐电视网),1个制片公司,最大的有线电视供应商

电影:3个制片公司(包括华纳兄弟公司)

无线电台:加拿大的43个无线电台

音乐:一个制作公司(昆西·琼斯娱乐公司)

索尼公司(对以下这些公司拥有部分或大部分的所有权)

电视:4个网络(包括德莱门多电视网、精选音乐网和游戏展示网)

电影:4个制片公司(包括哥伦比亚影视公司),1个连锁影院(洛伊影院)

音乐:4个唱片公司(包括哥伦比亚唱片公司、史诗唱片公司和美国唱片公司),1个录音室(惠特菲尔德录音室)

美国在线-时代华纳公司(对以下这些公司拥有部分或大部分的所有权)

电视:15个网络(包括华纳兄弟公司、家庭票房电视台、特纳广播公司、特纳网络电视和有线新闻网),第二大的有线电视供应商,4个制片公司(包括华纳兄弟公司和城堡石公司),收藏有6500部电影,32000个电视节目,1个数字化录像公司(美国数字录像公司)

杂志:64 种杂志(包括《人物》、《生活》和《时代》)

电影:3 个制片公司(包括华纳兄弟公司和新线公司)

音乐:40 个唱片公司(包括大西洋唱片公司、伊莱莎唱片公司和犀牛唱片公司),1 个制作公司(昆西·琼斯娱乐公司)

因特网:4 个因特网公司(包括美国在线、电脑服务公司和网景公司),7 家网站(包括音乐网、Winamp 网、电影讯息与售票网)

贝塔斯曼集团(对以下这些公司拥有部分或大部分的所有权)

电视:欧洲的 22 个电视台,欧洲最大的广播商

因特网:6 家网站(包括来科思网、音乐网、得乐网、巴恩斯和诺布尔网)

杂志:80 种杂志(包括《YM》、《家庭圈》和《健康》)

无线电台:欧洲的 18 个无线电台

音乐:200 个唱片公司(包括阿里斯塔唱片公司、美国广播唱片公司和贝塔斯曼音乐集团经典唱片公司)

报纸:德国和东欧的 11 家日报

自由媒体集团(对以下这些公司拥有部分或大部分的所有权)

电视:20 个网络(包括探索频道、美国网络、科幻有线频道、QVC 电视购物网),14 个电视台, 日本最大的有线电视运营商,两个制片公司(麦克尼尔和莱尔制片公司),1 个数

字化录像公司(美国数字录像公司)

因特网:3 家网站(包括票王网和城市搜索网)

电影:6 个制片公司(包括美国电影公司、格瑞梅西影视公司和十月电影公司)

无线电台:位于美国的 21 个无线电台,位于加拿大的 49 个无线电台

杂志:101 种杂志(包括《美国婴儿》、《现代新娘》和《十七岁》)

维旺迪环球公司(对以下这些公司拥有部分或大部分的所有权)

电视:在 15 个国家拥有 34 个频道(包括美国有线电视网和太阳舞频道),在 11 个国家拥有有线电视业务,两个制片公司(环球制片公司)

电影:6 个制片公司(包括环球制片公司、宝丽金影业公司和格瑞梅西影视公司)

音乐:10 个唱片公司(包括域际唱片公司、高清果酱唱片公司和 MCA 唱片公司)

因特网:1 个因特网公司(维萨维公司),两家网站(得乐网和万网)

杂志:两种杂志(《快报》和《拓展》)

报纸:法国的免费报纸

维亚康姆公司(对以下这些公司拥有部分或大部分的所有权)

电视：18 个网络（包括哥伦比亚广播公司、联合派拉蒙电视网、音乐电视网和尼克隆顿电视公司），39 个电视台，7 个制片公司，1 个数字化录像公司（美国数字录像公司）

电影：4 个制片公司，1 个电影出租连锁公司（百视达公司）

因特网：8 家网站（包括运动在线网、好莱坞网和万网）

杂志：4 种杂志（包括《BET 周末》、《显现》和《全心全意》）

无线电台：184 个无线电台，哥伦比亚广播公司无线电网络

通用电气公司（对以下这些公司拥有部分或大部分的所有权）

电视：12 个网络（包括美国全国广播公司、艺术与娱乐频道和布莱伏有线电视网），13 个电视台和帕克斯电视网，5 个制片公司，1 个数字化录像公司（美国数字录像公司）

因特网：6 家网站（包括沙龙网、汽车销售网和波罗网）

沃尔特·迪士尼公司（对以下这些公司拥有部分或大部分的所有权）

电视：17 个网络（包括美国广播公司、娱乐和体育节目网络、人生频道），10 个电视台，6 个制片公司（包括博伟影视公司、试金石影业公司和萨班影业公司）

电影：6 个制片公司（包括帝门影业公司、米拉麦克斯影业公司和试金石影业公司）

无线电台：50 个无线电台以及 4 个网络

杂志：6 种杂志（包括《美国周报》、《发现》和《谈话》）

新闻集团（对以下这些公司拥有部分或大部分的所有权）

电视：14 个网络（包括福克斯电视网络、国家地理频道和高尔夫频道），33 个电视台，5 个制片公司（包括摄政电视公司和 XYZ 娱乐公司），1 个数字化录像公司(美国数字录像公司)

电影：7 个制片公司（包括福克斯探照灯公司、摄政时代电影制作公司和二十世纪福克斯公司）

音乐：1 个唱片公司（劳库斯唱片公司）

报纸：7 家日报（包括《纽约邮报》、《太阳报》和《澳洲人报》）

改编自《国家》第 7 期，2002 年 1 月 14 日

跨国媒体企业所传播的价值观念不仅保证了流行文化无可争议的文化霸权地位，而且还导致了社会现实的非政治化和公民责任感的日益削弱。过去 20 年，最引人注目的变化就是新闻广播和教育节目转变为了浅薄的娱乐节目。由于新闻节目的利润还不及娱乐节目的一半，所以媒体公司不顾新闻业所鼓吹的新闻编辑业务与商业决策分离的说法，不断地屈服于高额利润的诱惑。新闻业与娱乐公司的合作及联合正迅速成为一种规范，于是出版管理人员会迫使记者参与报纸的商业活动，这种情况并不罕见。因此，持续打击新闻业的自主权也是文化全球化的一部分。

语言的全球化

估量由全球化带来的文化变化的一种直接方法是研究全球语言使用模式的转变。语言全球化可以看做这样一个进程：在国际交流中，人们越来越多地使用一些语言，而另外一些语言却失去了主导地位，甚至因为缺乏使用者而消失。夏威夷大学全球化研究中心的研究者已经找出了影响语言全球化的五大变量：

1. **语言数量**：世界各地语言数量的减少表明，同质性的文化力量在不断加强。
2. **人口流动**：语言会随同人们一起流动和迁移。移民模式影响了语言的传播。
3. **外语学习和旅游**：外语学习和旅游促进了语言跨越国家和文化界限的传播。
4. **网络语言**：因特网已成为了即时交流和快速获得信息的全球性媒介。网络语言的使用是分析国际交流中语言的主导性和种类的关键因素。
5. **国际科学出版物**：国际科学出版物中包含着全球思想话语的语言，因此对关乎全世界知识生产、再生产和流通的思想界会产生至关重要的影响。

下页上的图表说明了这五个变量之间的关系。

由于这些因素之间的相互作用具有高度的复杂性，这一领域的研究经常会得出相互矛盾的结论。以下的图表只能代表对语言全球化意义和影响的一种可能的概念化理解。这一领域的专家无法达成一致意见，于是他们提出了几种不同的假设。一

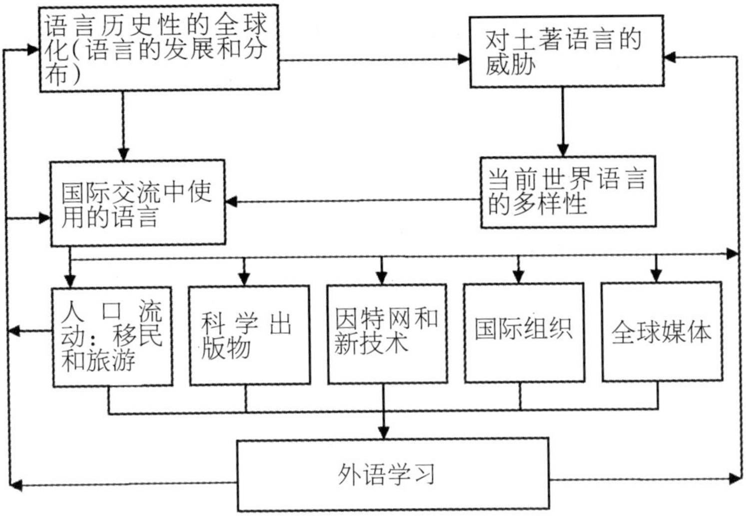

语言的全球化。

资料来源：改编自夏威夷大学马诺阿分校全球化研究中心发布的资料，www.globalhawaii.org。

种模式提出的假设认为，有几种语言（如英语、汉语、西班牙语和法语）越来越具有全球影响力，这显然与世界其他语言数量的不断减少有关。另一种模式认为，语言的全球化并不一定意味着我们的子孙后代注定只能使用几种语言。此外，还有一种观点强调，英美文化工业的力量会使得英语成为 21 世纪**唯一**全球通用的语言。

当然，英语日益彰显的重要性可谓历史悠久，可以追溯到 16 世纪末英国殖民主义产生的时候。那时，以英语为母语的人大约只有七百万。到 20 世纪 90 年代，这一人数已经猛增至超过三亿五千万，另外还有四亿多人将英语作为第二语言。现在，因特网上 80%的内容都是英语的。全世界人数不断增长的外国留学生中，几乎有一半人在英美国家的大学注册就读。

全世界日益减少的语言数量，1500—2000 年

洲	16 世纪初期		17 世纪初期		18 世纪初期		19 世纪初期		20 世纪初期		20 世纪末期		21 世纪初期	
	数量	%	数量	%	数量	%	数量	%	数量	%	数量	%	数量	%
美洲	2,175	15	2,025	15	1,800	15	1,500	15	1,125	15	1,005	15	366	12
非洲	4,350	30	4,050	30	3,600	30	3,000	30	2,250	30	2,011	30	1,355	45
欧洲	435	3	405	3	360	3	300	3	225	3	201	3	140	5
亚洲	4,785	33	4,455	33	3,960	33	3,300	33	2,475	33	2,212	33	1,044	38
太平洋地区	2,755	19	2,565	19	2,280	19	1,900	19	1,425	19	1,274	19	92	3
世界	14,500	100	13,500	100	12,000	100	10,000	100	7,500	100	6,703	100	2,997	100

资料来源：夏威夷大学马诺阿分校全球化研究中心，www.globalhawaii.org。

然而，与此同时，世界无书面形式的口头语言的数量也从1500年的一万四千五百种左右减少到了2000年的不足七千种。一些语言学家预测，按照目前这种速度减少下去，到21世纪末，50%—90%的现存语言将会消失。

但语言并不是世界上唯一面临灭绝危险的事物。消费主义价值观和物质主义生活方式的蔓延也已危及到了我们这个星球的生态健康。

文化价值观与环境恶化

人们如何看待他们的自然环境在很大程度上取决于其文化背景。例如，沉浸于道教、佛教和各种万物有灵论中的文化，倾向于强调所有生物之间的相互依存性——要求在生态需要和人类需求之间保持一种微妙的平衡。另一方面，犹太教和基督教的人文主义则包含了深刻的二元价值观，它认为人类是宇宙的中心。自然被看成是一种“资源”，可以将它作为一种工具来使用，以此来满足人类的欲望。这种人类中心范式最极端的表现就是消费主义的主要价值观念。如上文所指出的，美国主导的文化产业试图让全球的观众相信，人生的主要价值和意义在于无穷无尽地积累物质财富。

然而，21世纪伊始，我们已经不可能忽视这样一个事实：人们呼吸的空气、赖以生存的气候、吃的食物、喝的水都已经把这个星球上的人紧密地联系在一起了。虽然人类明白相互依存这一显而易见的道理，但因为他们想获得奢华的生活方式，所以我们这个星球的生态系统在不断地遭受人类的破坏。即使我们承认，当今世界所面临的一些主要生态问题也曾是困扰古代文明的问题，但直到工业革命发生前，环境恶化相对来说还是

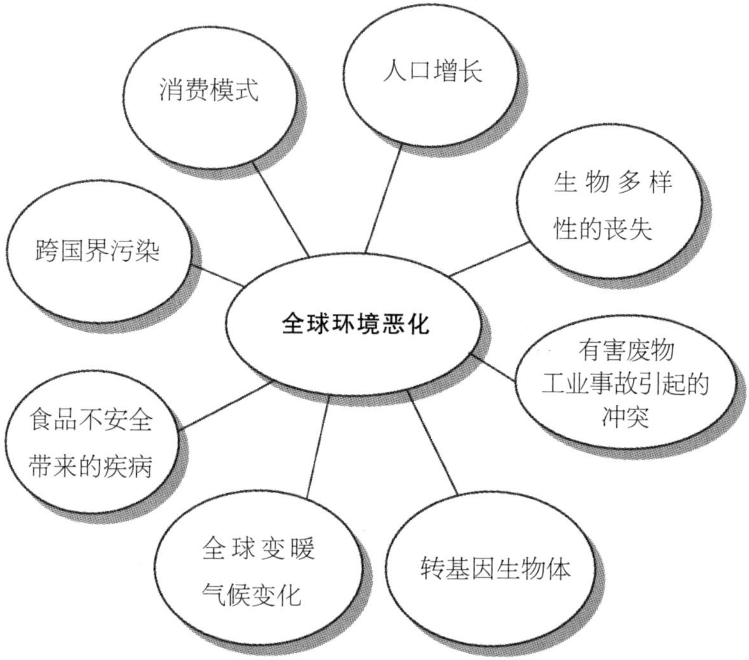

全球环境恶化的主要表现和后果。

资料来源：本书作者。

地方性的，而且经历了成千上万年的时间。过去几十年里，地球环境恶化的规模、速度和深度都达到了史无前例的程度。试看环境恶化的全球化的一些最危险的表现形式。

人们关心的两大问题与北半球失控的人口增长和奢华的消费模式有关。自大约四百八十代人之前农业经济第一次出现以来，世界人口爆炸性地增长到了之前的1000倍，达到六十多亿。这一增长量的二分之一发生在过去30年间。大概除了啮齿类动物之外，人类已经成为了地球上数量最多的哺乳动物。对食物、木材和纤维需求的极度增长，已经给地球的生态系统带来了巨大的压力。今天，地球表面的大片土地，特别是那些干旱和半干旱地区，从生物学上来说几乎已经不再具有生产能力了。

人们经常狭隘地把对人口增长与环境恶化问题的关注局限在人口总量的水平上。然而，人类对环境的全球性影响也是人均消费的结果，就如同总体人口规模所产生的结果一样。例如，美国人口只占世界人口的 6%，却消费着全球 30%—40%的自然资源。地区性的过度消费加上失控的人口增长给我们这个星球的健康带来了严重的问题。除非我们愿意改变支撑着这些可怕动因的潜在的文化和宗教价值结构，否则地球母亲的健康将有可能会进一步恶化。

2001 年某些国家的个人消费模式

国家	肉类（千克）	纸张（千克）	矿物燃料（等量的燃油千克数）	客车（每千人）	个人消费总值
美国	122	293	6,902	489	21,680 美元
日本	42	239	3,277	373	15,554 美元
波兰	73	54	2,585	209	5,087 美元
中国	47	30	700	3.2	1,410 美元
赞比亚	12	1.6	77	17	625 美元

资料来源：美国公共广播服务公司，http://www.pbs.org/earthonedge/science/trends.html。

由人类引起的如全球变暖这种气候变化，是当代环境问题在强度和范围上发生决定性转变的另一实例。我们这个星球大气层中排放的气体（包括二氧化碳、甲烷、氮氧化物和硫氧化物以及氟利昂）迅速积累，这已经大大增强了地球阻止热量排放的能力，由此而来的“温室效应”就是造成全球平均气温上升的原因。

虽然全球变暖的确切效应难以计算，美国科学家关注联盟提供的数据表明，全球的平均气温从 1880 年的 13.5°C（56.3° F）上升到了 2000 年的 14.4°C（57.9° F）。全球气温的进一步升高可能会导致极地地区部分冰帽融化，到 2100 年会引起全世界的海平面升高 90 厘米——这一灾难性的后果会威胁到世界上许多沿海地区。

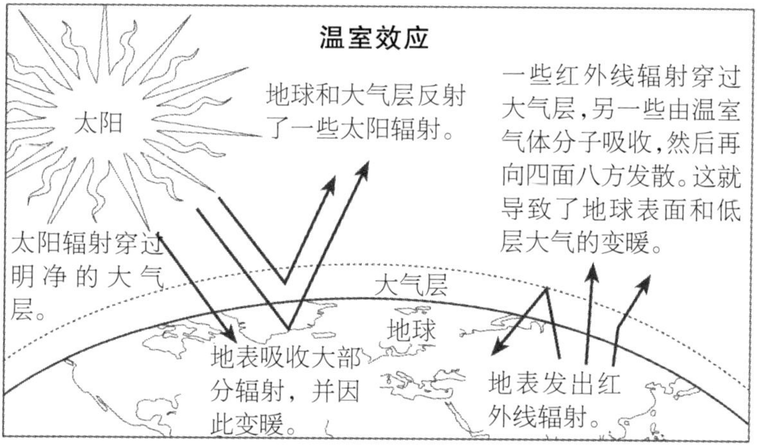

图 9 温室效应。

跨越国界的污染是我们集体生存的另一重大威胁。大量人工合成的化学品被排入到空气和水中，使得人类和动物的生存条件已超过了以前生物学经验的极限。例如，20 世纪下半期人们使用了氟利昂作为不可燃的冷却剂、工业溶剂、发泡剂和气溶胶喷射剂。20 世纪 70 年代中期，研究者指出，无节制地向空气中排放氟利昂似乎损耗了地球的臭氧保护层。10 年后，人们在塔斯马尼亚、新西兰和大面积南极地带的上空发现了很大的“臭氧层空洞”，这最终导致了一项国际联合行动，即逐渐停止生产氟利昂和其他一些破坏臭氧层的物质。其他一些跨越国界的污染包括工业排放的硫氧化物和氮氧化物。这些化学物质最终以“酸雨”的形式返回地面，损害森林、土壤和淡水生态系统。北欧和北美部分地区现在的酸性沉淀物至少高达环境监测机构设定的临界水平的两倍。

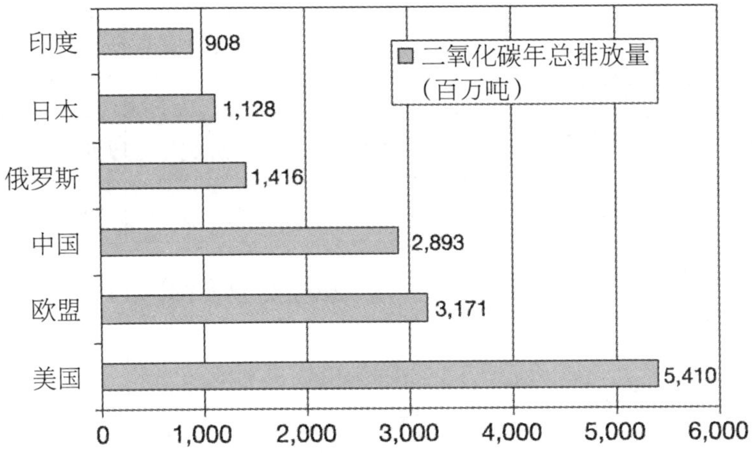

二氧化碳排放量：2001 年的主要污染国。

资料来源：英国广播公司科技报道，http://news6.thdo.bbc.co.uk。

当前，有关环境恶化的全球化最可怕的问题或许是世界范围内生物多样性的破坏。1998 年，一些美国科学家把生物多样性的丧失认定为比全球变暖或跨国界污染更为严重的环境问

1971—2002 年全球主要环境协定

名称	覆盖范围 / 保护	年代
《拉姆萨公约》,伊朗	湿地	1971 年
《联合国教科文组织世界遗产》,巴黎	文化与自然遗产	1972 年
联合国环境规划署会议,斯德哥尔摩	总体环境	1972 年
《濒危野生动植物种国际贸易公约》,华盛顿特区	濒危物种	1973 年
《海洋污染公约》,伦敦	船只造成的海洋污染	1978 年
《联合国海洋法公约》	海洋物种,污染	1982 年
《维也纳议定书》	臭氧层	1985 年
《蒙特利尔议定书》	臭氧层	1987年
《巴塞尔公约》	有害废物	1989 年
联合国"里约热内卢环境峰会"	气候变化,生物多样性	1992 年
《雅加达条例》	海洋和临海地区的多样性	1995 年
《京都议定书》	全球变暖	1997 年
《鹿特丹公约》	工业污染	1998 年
约翰内斯堡世界峰会	生态的可持续性,污染	2002 年

资料来源:本书作者。

题。现在，10 个生物学家中会有 7 个认为，世界正处在这个星球 45 亿年以来生物大规模灭绝速度最快的时期。根据经济合作与发展组织最近的一项报告显示，世界三分之二的耕地已被认定为“有些退化”，三分之一被认定为“严重退化”。全世界有一半的湿地已经被破坏，淡水生态系统的生物多样性正面临着严重的威胁。自 1900 年以来，全世界已经失去了四分之三的农作物和动物物种的遗传多样性。一些专家担心，有高达 50%的动植物种类将在本世纪末消失，其中大多数都在南半球。

即使人们看到这一连串糟糕的生态报告，他们也可以对不断出现的国际环境条约和协议保持谨慎的乐观。这些协定的各种条款旨在控制空气和水的污染，保护濒危物种，限制有害废物的处理。然而不幸的是，大多数条约缺乏有效的国际强制执行机制；而且，一些主要的环境污染者，如美国和中国，还没有批准其中的一些重要协议。

1992 年，科学家关注联盟发布了一个名为“警告人类”的公告，声明全球环境正在严重危机中痛苦挣扎。有一千五百多位科学家在这个文件上签名，其中包括很多诺贝尔奖获得者。人们对我们这个星球生态极限的认识正在日益加深，但更为紧要的问题是，这是否会转而成为对根植于积累无限物质财富欲望中的文化结构的必要修正。对此，人们还要拭目以待。

第六章
全球化的意识形态向度

意识形态可以定义为这样一个体系，它包含了广泛共享的观念、模式化的信仰、具有导向性的规范和价值观以及特定人群认可为真理的理想。意识形态不仅按照世界本来的样子，而且按照世界应该有的样子，为个人提供了一幅比较连贯的世界图景。这样一来，意识形态就有助于把高度复杂的人类经验组织成相当简单却经常被歪曲的形象，并以此作为社会和政治行动的指南。这些被简化和歪曲了的思想常被用来使某些政治利益合法化，或维护占统治地位的权力结构。为了在社会中渗透他们喜欢的规范和价值观，意识形态主义者向公众递交了一个议程，它已经限定了该讨论什么、该主张什么以及该询问什么。他们面对公众讲述故事和叙事，用于说服、赞扬、谴责，区别"真理"与"谬误"，并区分"好的"与"坏的"东西。这样，意识形态就能通过概括化的行为准则和要求来组织和确定人类活动的方向，把理论与实践联系起来。

如所有的社会进程一样，全球化也包含了一个意识形态向度，充满了关于这一现象本身的一系列规范、要求、信条和叙事。例如，全球化是一件"好"事还是一件"坏"事的问题，就在意识形态领域引发了激烈的公共讨论。因此，在探讨全球化的意识形态向度之前，我们应该在**全球化**与**全球主义**之间做重要的分析和区别，前者指各种评论者以不同的甚至是相互矛盾的方式来描述不断强化的全球相互依存的社会进程，而后者则是指赋予全球化这一概念以新自由主义价值观和意义的意识形态。

我们在第七章将会看到，对新自由主义价值观与全球化二者之间的联系，各社会群体并没有达成一致意见；相反，他们企图赋予这一概念以不同的规范和意义。然而，迄今为止，这些群体所表达的理想并不能动摇全球主义中新自由主义话语的统治地位。后者在全世界的传播主要依靠的是北半球强大的社会力量，这一阵容主要由集团公司的经理、大型跨国公司的主管人员、集团公司的说客、新闻记者、公共关系专家、面向大众读者写作的知识分子、国家官僚及政客组成。作为全球主义的主要拥护者，这些人物使得公众话语中充斥着理想化的形象——一个保护消费者的自由市场。

图 10　微软总裁比尔·盖茨，世界上最有影响力的全球主义倡导者之一。

兜售全球化

2002年,美国新自由主义杂志《商业周刊》推出了一则关于全球化的封面报道,它包含了如下声明:“近十年来,政界与商界的领导者企图说服美国公众,让他们相信全球化的好处。”通过援引2000年4月一份关于全球化的全国民意调查结果,文章继续报道说,大多数美国人似乎对这个问题有两种看法:一方面,有65%的接受调查者认为,全球化对美国和世界其他各地的消费者和商业来说都是一件“好事”;另一方面,他们担心全球化可能会使美国的就业率大幅滑坡;此外,有70%的接受调查者认为,与低收入国家签署的自由贸易协定是美国工资下降的原因。文章的结尾对美国政界和商界的领导者发出了颇有火药味的严重警告,认为对反全球主义势力的论点不可掉以轻心。为了减少人们对这一问题不断产生的担忧,美国决策者应该更有效地突出全球化带来的好处。毕竟,公众对全球化持续的担忧会产生严重的反作用,进而危害国际经济的健康运行和“自由贸易事业”。

这一封面报道包含了两条与全球化的意识形态向度相关的重要信息。第一,它公开承认了政界与商界的领导者在积极地向公众兜售他们自己中意的全球化版本。实际上,《商业周刊》那篇文章的作者是以积极的态度来看待对全球化观点和形象的构建的,认为它们是实现基于自由市场原则之上的全球秩序必不可少的工具。无疑,这种全球化的正面景象对公众舆论和政治选择具有深远的影响。如今,为了实施具有市场倾向的政治议程,新自由主义决策者已不得不变成诱人的意识形态集装箱的设计专家。鉴于商品交换构成了所有市场社会的核心活动，全球化话语本身也已经转变成了一种特别重要的商品，专门供公众消费。

第二，《商业周刊》封面报道的调查数据表明，在不断全球化的世界中，人们的个人经历与他们对全球化的规范性定位之间存在着认识上的明显差异。人们该如何解释，为何有相当一部分接受调查者担心全球化会给他们的生活带来经济上的负面影响，但同时却认为全球化是一件“好事”？显然，问题的答案就是意识形态。全球化光彩夺目的新自由主义叙事已经在很大程度上塑造了全世界的公众舆论，即使人们的日常经历呈现出的场景并不皆如它们渲染得那样美好。

北半球富国的十几家影响最大的杂志、报纸及电子媒体，如《商业周刊》、《经济学家》、《福布斯》、《华尔街日报》与《金融时报》，为读者灌输了众多固定不变的带有全球主义的主张。全球主义已经成为一些社会政治思想家所谓的“强势话语”——一种臭名昭著的难以抵制的话语。它有强大的社会势力支持，这种势力预先选定了那些被认为是“真实的”东西，从而相应地来塑造世界。不断地复述全球主义的主要主张和口号能够产生它们所表述的东西，随着更多新自由主义政策的执行，全球主义的主张更加牢固地深入到了公众心里。

在本章的余下部分，我们将认识和分析五大意识形态主张，它们频频出现在有影响的全球主义倡导者的谈话、演讲和著作中。需要指出的是，全球主义者本人也是为了兜售他们的政治和经济日程才形成这些主张的。或许，并没有一段全球主义的演讲或一部著作能同时涵盖下面所讨论的五个论断，但它们至少都包含了其中的一些主张。

主张一：全球化就是市场的自由化与全球一体化

如所有意识形态一样，全球主义从一开始也试图建立对这一现象的来龙去脉的权威叙述。对新自由主义者来说，这根植于自我调节的市场观念，它是未来全球秩序的框架。如第三章所指出的，新自由主义者试图培养公众的意向，使他们毫无批判地把“全球化”与他们所宣扬的市场自由化的好处联系起来。特别值得注意的是，他们说全球市场的自由化与一体化是一种“自然”现象，能够促进世界的个体自由和物质进步。以下是三个例子。

> 全球化与市场对政府的压倒性优势相关。不管是赞成还是反对全球化的人都一致认为，作为当今驱动力的市场正在左右政府的职能。
>
> 《商业周刊》，1999 年 12 月 13 日
>
> （政府的）的一个角色就是清道夫——为商品、服务和资本的自由流动扫清障碍。
>
> 克林顿政府的美国前副国务卿琼·斯皮罗
>
> 自由主义市场经济从本质上来说是全球性的。它是人类奋斗的最高目标。通过我们的努力和选票，无论是在集体还是个人层面，我们都已经为它的建设做出了贡献。为此，我们应该感到自豪。
>
> 英国记者彼得·马丁

这一主张的问题在于，全球主义的使命——市场的自由化和一体化——只有通过对市场进行**行政**规划才能得以实现。因

此，全球主义者必须随时准备利用**政府的力量**来削弱和消除那些限制市场的社会政策和机构。鉴于只有强有力的政府才能完成转变当前社会结构这一野心勃勃的任务，市场自由化的成功取决于集权政府的**介入**和**干涉**。然而，这样的行为与新自由主义理想化地对政府职能进行限制形成了强烈反差。当然，全球主义者确实期望政府在执行他们的政治日程方面扮演非常积极的角色。在20 世纪八九十年代，美国、英国、澳大利亚和新西兰新自由主义政府的积极参与表明了强大的政府行为在策划自由市场方面的重要性。

而且，宣称全球化就是市场的自由化与全球一体化，就会将一个原本偶然的政治计划固定为“事实”。全球主义者的成功在于他们说服了公众，让其相信他们关于全球化新自由主义的叙事，正是对所要分析的情况的客观的或至少是中立的判断。诚然，新自由主义者或许确实能够为市场的“自由化”提供某种“经验性证据”。但是，市场原则的蔓延真的就是由于全球化与市场扩张之间存在着某种形而上的联系吗？或者，它之所以发生，难道是因为全球主义者拥有政治和话语权力，从而能大致按照自己意识形态的公式来影响这个世界——自由化 + 市场的一体化 = 全球化？

最后，这一对全球化过于经济化的表述削减了此现象的多维性。全球化的文化与政治向度仅作为依赖全球市场流动的从属进程而被提及。即使相信全球化的经济向度具有决定性作用，人们也没有理由认为这些进程必然与撤销对市场的管制有关。与此相反，另一个观点则可能会把全球化与全球性监督管理结构的创建联系起来，这个结构会使市场对国际政治机构负责。然而对全球主义者来说，当与最具限定性的法律与机构做斗争时,把全球化说成是一项能解放并整合全球市场以及从政府控制下解放个人的事业，是他们获取公众支持的最好方式。只要能成功地向大多数人兜售他们对全球化新自由主义式的见解,他们就能维持一种有益于自己的社会秩序。对那些仍然怀疑全球主义的人来说,全球主义者还有另外一个胸有成竹的主张——为什么要去怀疑一项带有历史必然性的进程呢?

主张二:全球化是必然的、不可逆转的

全球化是历史的必然,这一想法乍一看似乎很不适合一个基于新自由主义原则之上的意识形态。毕竟,在整个20世纪,自由主义者和保守主义者都对马克思主义者提出了批评,因为后者的决定论主张贬抑了人的自由意志,而且忽视了非经济因素对社会现实的影响力。然而,全球主义者依靠的也是一个相似的历史必然性叙事,它是单一因果的和经济主义的。根据全球主义者的解释,全球化反映了技术创新驱动下不可逆转的市场力量传播的必然性。让我们来思考一下以下的陈述:

> 现在,我们必须接受全球化残酷无情的逻辑——从我们的经济力量、我们城市的安全到我们人民的健康,都不仅取决于我们国内发生的事情，而且也取决于半个世界以外的地方发生的事情……全球化不可逆转。
>
> 美国前总统比尔·克林顿
>
> 全球化是不可避免的,是冷漠无情的,它正在以越来越快的速度到来……全球化正在发生,它就要发生。不管你是否喜欢它,全球化正在发生,即将发生。
>
> 联邦快递公司董事长和总裁弗雷德里克·W.史密斯

我们需要更多地解放印度经济，撤销对经济的管制。没有一个明智的印度商业家会反对这一点……全球化不可避免。没有更好的选择。

印度企业家拉胡尔·巴贾杰

新自由主义者把全球化描写成某种就像天气或重力一样的自然力量，这使得全球主义者更易于让人们相信，想要生存和发展就必须适应市场规律。因此，宣扬全球化必然使关于全球化的公共话语变得非政治化了。新自由主义政策被说成是超越政治的，它们只是在执行自然规律而已。这里的寓意就是，人们并非根据一系列的选择行事，而只是在履行世界市场的法则而已，是这些法则要求消除政府的控制。这正如英国前首相玛格丽特·撒切尔曾说过的，“我们别无选择”。如果人们对经济和技术力量的自然流动无计可施，那么政治团体就应该默许并充分利用这一不可改变的境况。反抗将是不合乎自然规律的、非理性的，而且是危险的。

必然性的观念也更容易说服公众去共同承受全球化的重负，从而让他们支持一个经常被新自由主义政客利用的托词：“由于市场，我们才削减社会规划。”德国前总统罗曼·赫尔佐克通过电视呼吁全国，全球力量不可抗拒，它迫使每个人都必须做出牺牲。当然，赫尔佐克总统并没有讲明白等待大股东和公司执行官的将是怎样的牺牲。最近的例子，如美国安然公司轰动一时的破产表明，牺牲将极有可能很不均衡地由那些工人和雇员承担，因为新自由主义的政策会使他们失去工作或社会福利。

最后,宣称全球化是不可避免的和无法抵制的,其根源在于一种更宏大的进化论话语,这一话语赋予某些国家以特权地位,让它们处在从政治控制下解放市场的前沿。如第五章所讨论的,乐天派的鼓吹全球化者经常把全球化当做一个委婉语来使用,它代表了世界不可逆转的美国化。由此看来,全球主义力量似乎复活了 19 世纪赫伯特·斯宾塞和威廉·格雷厄姆·萨姆纳之类的人们宣扬的英美先锋主义范式,古典市场自由主义的主要因素在全球主义那里无一不有。我们发现了西方文明、自我调节和自由竞争的经济模式、自由企业的优势、国家干预的缺陷、放任主义原则,以及适者生存和不可逆转的进化过程中无情的自然法则。

主张三:没有人对全球化负责

全球主义的决定论语言提供了另一个话语优势。如果市场的自然法则预先规定了新自由主义的历史进程,那么全球化并不反映某一特定社会阶级或集团任意的议程。在这种情况下,全球主义者只是在执行一种具有超验力量的不可改变的律令。人并不对全球化负责,而是市场和技术对全球化负责。人类的某些行为会加速或延缓全球化,但最后的分析证明,市场那只看不见的手总是会表现出它高超的智慧。下面是关于这一观点的三种表达方式:

> 左派中有很多人不喜欢全球市场,因为它在总体上体现了他们厌恶市场的原因:无人对市场负责。实际情况是,看不见的手也统治着大部分国内市场,这是一个似乎被大多数美国人看成生活事实的现实。
>
> 美国经济学家保罗·克鲁格曼

有关全球化最基本的事实是这样的：**无人负责**……我们都情愿相信有人在负责。但现在的全球市场由“电子族群”构成，经常包括匿名的证券、债券和货币交易者与跨国投资者。网络和屏幕把他们联系在了一起。

《纽约时报》记者，获奖作家托马斯·弗里德曼

全球化巨大的魅力在于没有人控制它。其巨大的魅力在于，它不受任何个人、任何政府和任何机构的控制。

高盛公司副董事长罗伯特·霍马茨

但只有从表面意义来看，霍马茨先生的话才是正确的。虽然并不存在由单一邪恶势力控制的有意识的阴谋，但这并非是说没有人对全球化负责。全球市场的自由化和一体化并非是在人类的选择领域之外进行的。如第三章所示，全球主义者在全世界整合市场，并使市场脱离国家的干预计划，创造了也维持着不均衡的权力关系。美国是迄今为止世界上最强大的经济和军事力量，而且最大的跨国公司的总部也都在北美洲。这并不是说美国绝对控制着全球化的宏大进程，但这**的确**表明，在很大程度上，全球化的实质与发展方向受到了美国内外政策的影响。

总之，有人认为无人领导全球化进程，这一说法并没有反映当今世界的现实；相反，这一说法为维护和扩张北半球国家利益的政治议程服务，同时，也保护与它联合的南半球的精英力量。如历史必然性的言论一样，无人负责的观念企图使关于这一话题的公共讨论非政治化，从而解散反全球主义运动。一旦大部分人接受了这种全球主义的形象，即它是一种自我运行、自我调节的力量，要组织反抗运动就会变得相当困难。当普

通民众不再相信有选择另一种社会格局的可能性时，全球主义将具有更大的能力来建构被动的消费者身份。

主张四：全球化对每个人都有益处

这一主张是全球主义的核心内容，因为它为应该把全球化看成是“好”事还是“坏”事这一关键的规范性问题提供了一个肯定的答案。全球主义者经常把他们的论点与所谓的市场自由化带来的好处联系起来：全球生活水平的不断提高、高效能的经济、个人自由以及史无前例的技术进步。下面就是几个这类的说法：

> 几乎毫无疑问，总的来说，全球金融的显著变革有利于促进世界经济结构的重大改善和生活水平的显著提高……
>
> 美国联邦储备委员会主席艾伦·格林斯潘
>
> 全球化的效果非常好。在前所未有的自由化的刺激下，世界贸易继续增长的速度超过了全球经济总产出增长的速度，使得生产力和效率飞速提高，创造了百万个工作机会。
>
> 英国石油公司董事长彼得·萨瑟兰
>
> 我们正处于这个世界最让人欢欣鼓舞的时代：国家间的壁垒正在减少；经济自由主义无疑正受到广泛关注，而且非常有效；贸易和投资在飞速增长；国家间的收入差距正在缩小；财富的生产创历史纪录新高——而且我相信这种情况可能会继续下去。
>
> 联合技术公司首席执行官乔治·戴维

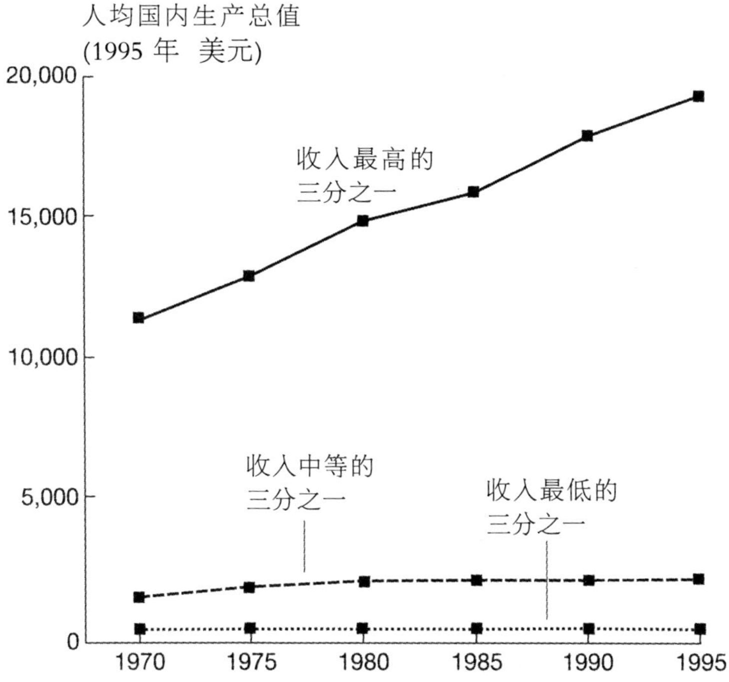

穷国与富国收入悬殊，1970—1995 年。

资料来源：世界银行，《1999/2000 年世界发展报告》。

然而，戴维先生绝没有表明他这番话背后的意识形态假定。“**我们**”确切地说是指谁？谁“**证明了**”新自由主义非常“**有效**”？“**有效**”是什么意思？然而，实际上存在着与此相反的确凿证据。市场过度控制社会和政治将导致的后果是：全球化的机遇与回报并不均衡，它以牺牲大众为代价把权力与财富集中在了一小部分人、地区和公司的手里。即使是来自世界银行的数据也表明，近来，国家间的收入差距实际上正在以史无前例的速度扩大。

《联合国人类发展报告》1999 年和 2000 年版的数据表明，在 1973 年全球化开始之前，最富国与最穷国的收入比率大约是 44:1。25 年后,这一比率增长到 74:1。冷战结束后的这段时期,生活在国际贫困线以下的人数从 1987 年的 12 亿增长到了现在的 15 亿。如果当前的趋势继续下去,到 2015 年,这一数字将会达到 19 亿。这意味着,21 世纪伊始,人类最底层有 25%的人每年依靠不足一百四十美元维持生存。与此同时,1994 到 1998 年,世界上 200 个最富的人的资本净值翻了一番,超过了一万亿美元。世界上三大亿万富翁的资产超过了所有不发达国家及其6 亿人国民生产总值的总和。

即使在世界上最富有的国家内部,也同样能看到日益加剧的不平等趋势。例如,我们可以看看美国日益扩大的收入差距(见下图)。

美国政治行动委员会的数量从 1974 年的 400 个上升到了 2000 年的 9000 个。为了继续维持新自由主义路线,这些集团的说客成功地给国会和总统施加了压力。超过三分之一的美国劳动力,即 4700 万工人,每小时工资不足十美元,与 1973 年相

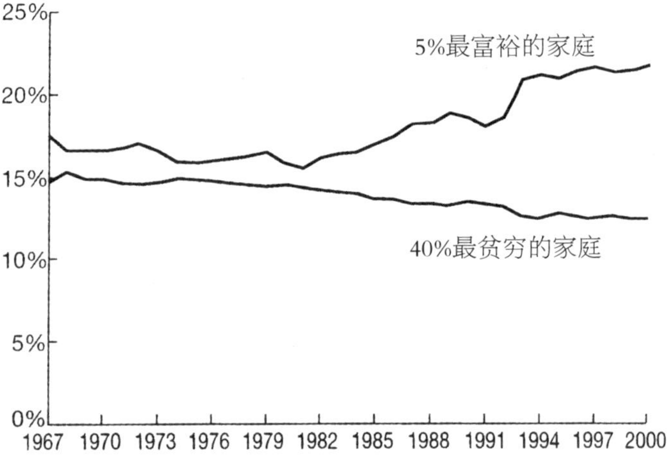

家庭收入在美国总收入中所占的份额,1967—2000 年。

资料来源:美国统计局, www.census.gov。

比,每年要多工作 160 个小时。全球主义者经常用美国 20 世纪 90 年代的低失业率来证明全球化带来的经济利益,其实这背后掩盖的是低工资和数以百万计的临时工人,这些临时工人无法得到全天的工作岗位,每周最低工作时间只要达到 21 小时,就被登记为在业。与此同时,大公司首席执行官的平均薪水却在大幅度提高。2000 年,它比普通工人工资高 416 倍。1%的最上层美国家庭的财富超过了占总数 95%的底层家庭的财富总和,这反映了过去 20 年来的巨大变化。

另外,还有很多迹象证明,追求全球利润实际上使穷人更难以享受到科技创新带来的好处。例如,到处都有证据表明,有一个日益扩大的"数字分水岭"把北半球与南半球分开了。

全球因特网用户占地区人口的百分比,1998—2000 年

国家	1998 年	2000 年
美国	26.3	54.3
高收入的 OECD 成员国(美国除外)	6.9	28.2
拉丁美洲和加勒比海地区	0.8	3.2
东亚和太平洋地区	0.5	2.3
东欧和 CIS	0.8	3.9
阿拉伯国家	0.2	0.6
撒哈拉沙漠以南的非洲	0.1	0.4
南亚	0.04	0.4
世界	2.4	6.7

资料来源:《2001 年联合国人类发展报告》。

(OECD:经济合作与发展组织;CIS:独联体)

关于全球公共医疗卫生服务不断加大的差距，来看看英国广播公司 2000 年 10 月 31 日的新闻报道：

> 美国的一些科学家最近警告公众，现在，就防止非洲撒哈拉沙漠以南地区寄生虫疾病的蔓延来说，经济全球化可能成为其最大的威胁。他们指出，总部在美国的一些制药公司正在停产许多抗寄生虫的药物，因为发展中国家买不起这些药物。即使世界上超过两亿人仍患有血吸虫病(一种严重损害肝脏的寄生虫疾病)，由于利润的下降，治疗血吸虫病的药物在美国一家制药厂已被停产。另一种抗肝吸虫病损害的药物自 1979 年就已停产，因为南半球的“消费基础”没有足够的“购买力”。

少数几位承认全球不平等分配模式的全球主义者通常坚信，市场本身最终会纠正这些“不均衡”。他们坚持认为，在短期内，“插曲式的错位”是必然的，但它们最终会被全球生产力的巨大飞跃所取代。实际上，有一官方说法认为全球化有益于所有人，对这一官方说法不完全认同的全球主义者，必须承担他们的批评所带来的后果。因为公开批评他所在机构的新自由主义经济政策，曾获诺贝尔奖的世界银行前任首席经济学家约瑟夫·斯蒂格利茨受到了猛烈攻击。他认为，世界银行和国际货币基金组织强加于发展中国家的结构调整项目经常带来了灾难性的后果。他还指出，“市场理论家”曾利用 1997—1998 年亚洲金融危机来减弱国家干涉的可信度，从而在更大程度上促进了市场的自由化。1999 年底，斯蒂格利茨因压力过大而辞职。五个月后，他与世界银行的顾问合同也被终止。

主张五：全球化促进民主在全世界传播

全球主义的这个主张来自一个新自由主义的设想——自由市场与民主同义。在公共话语中，这两个概念不断被确认为"常识"，常常无人质疑它们之间是否真的一致。这里有三个例子：

> 由全球化带来的经济发展，有利于以强大的中产阶级为主体的复杂市民社会的产生。这一阶级和社会结构会促进民主的发展。
>
> 霍普金斯大学教授弗朗西斯·福山
>
> 在前共产主义国家里，新企业和购物中心的出现应该被看做民主的中坚。
>
> 美国纽约州议员希拉里·罗德姆·克林顿
>
> "电子族群"将从总体上加强民主化，这一点有三个重要的原因：灵活性、合法性以及可持续性。
>
> 《纽约时报》记者，获奖作家托马斯·弗里德曼

这些观点取决于民主的观念，它强调正式程序，如在经济和政治决策中以牺牲大多数人的直接参与为代价的选举。对民主的这种"空洞肤浅"的定义，反映了一种低强度的或"形式上的"市场民主，这种民主以精英主义的组织化模式为特征。实际上，把一些民主因素嫁接到普遍独裁的结构上，可以保证被选中的人免受来自大众的压力，从而实现"有效"的管理。因此，断言全球化会促进民主在全世界的传播，从很大程度上来说，是基于对民主的一种肤浅的理解。

而且，这一主张也必须面对许多与此相反的证据。让我们来看一则转引自《芝加哥论坛报》的报道，它是由“新经济信息服务”[①]发布的。这表明，在竞争美国出口市场和美国对外投资的时候，民主国家并不占优势。

> 1989年，在美国从南半球进口的所有商品中，民主国家的商品占到了一半以上。10年后，可以选择的民主国家更多了，但在美国从发展中国家进口的商品中，由民主国家提供的还不到三分之一；而且这一趋势还在不断增强。随着世界上更多的国家选择民主政体，更多的美国企业似乎更喜欢其他政体。这些发现提出了这样一个重要的问题：在实际上，美国公司对外采购和投资的决策是否破坏了脆弱的民主的生存机会？为什么北半球富国实力雄厚的投资者会做出这些企业决策？这首先是因为，那些国家的工资比民主国家的工资要低一些，这使得前者的企业在出口商品时获得了货币优势。另外，低工资、工会禁令以及宽松的环境法有利于那些国家吸引外资。

结论

对全球主义五大主张批判性的研究表明，新自由主义关于全球化的说法从下面这个意义上说是与意识形态相关的，即它带有政治动机，有助于建构全球化的特定含义，借此保留和稳定现存的不均衡的权力关系。但是，全球主义意识形态的影响范围并没有局限于狭隘地为公众解释全球化的意义。全球主义

---

① 一家非盈利性组织（民主教育基金会）的一个服务项目，提供全球化和技术变革对民主的影响的信息和评论。

由强大的叙事组成，它们兜售一个包罗万象的新自由主义的世界观，从而创造出具有集体性质的意义，并且塑造了人们的身份。

然而，无论是从西雅图到热那亚的大规模的反全球主义抗议，还是"基地"组织于 2001 年 9 月 11 日发动的恐怖袭击，都表明全球主义这一意识形态的扩张遇到了众多的抵抗。在下一章我们将会看到，21 世纪的第一个 10 年似乎正迅速成为一个战场，关于全球化意义和走向的观点，在这里针锋相对。

第七章

全球主义面临的挑战

作为我们这个时代主导性的意识形态，全球主义对于全球化的新自由主义认识已经牢固地铭刻在了全世界很多人的心里；强大的政治机构和经济团体转而又在进一步维持并确认着这一认识。然而，从没有哪种意识形态具有绝对的控制优势。人们的切身经验与意识形态主张之间存在的差距，可能会给主导性的模式带来危机。这时，持不同见解的社会团体就会感觉到比较容易向公众传达它们的思想、信念和行为实践。

20 世纪行将结束之时，在关于全球化的公共话语中，反全球主义的观点开始受到了更多的关注；这一过程之所以产生，是由于人们更加清醒地意识到，公司贪婪的利润策略正在导致全球财富与福利差距日益扩大。1999 到 2001 年间，在全世界许多城市，全球主义与其意识形态挑战者的斗争以街头冲突的形式爆发，最后发展成为一场史无前例的针对美国的恐怖主义袭击，导致三千多人死亡。这些反全球主义的力量是什么呢？

两大反全球主义阵营

这些不同的社会力量共有的一个信念就是，它们必须保护自己和相关各方不受全球化带来的消极后果的影响。从这个方面来说，他们都是某种“保护主义者”。然而最重要的是，我们必须记住反全球主义者追求的目标十分宽泛，他们发展政治议程的手段各不相同。例如，在估量全球化的形成特点、原因以及什么才可以被准确地归为“消极后果”的时候，他们之间存在着广泛的分歧。即使会显得过于简单化，我仍然建议把反全球主义的团体划分为两大意识形态阵营；在此基础上，还可以根据另外的标准再进一步将其细分。

在美国，帕特里克·布坎南和 H. 罗斯·佩罗是坚持特定论保护主义立场的两个主要代表。在欧洲，民族主义政党(如约尔格·海德尔领导下的奥地利自由党、让－马里·勒庞领导下的法国民族阵线和格哈德·弗雷领导下的德国人民联盟)都表示反对“美式的全球化”。在南半球，人们可以发现类似的态度，如奥萨玛·本·拉登对伊斯兰教义的偏激理解，或者乌戈·查韦斯总统委内瑞拉式的民粹主义。让我们再次记住，我们不仅要在这些团体的政治进程方面，而且还要按照它们反全球化斗争的手段——从恐怖袭击到非暴力的议会式方法——对它们加以区别。

特定论保护主义

特定论保护主义者是这样一些人：他们谴责全球化给本国或本地区的经济、政治及文化所带来的麻烦。特定论保护主义者感觉到古老社会模式正面临逐渐消失的危险，他们谴责自由贸易、全球投资者的力量、跨国公司的新自由主义日程以及世界的美国化，并认为是这些导致了生活水平的下降和(或)道德滑坡。由于担心失去民族自决权和自己的文化遭到毁灭，他们发誓要保护传统的生活方式，使其不受那些“外来因素”的影响——他们认为是这些因素释放了全球化的力量。相对于如何建设一个全球性的更加公平合理的国际秩序而言，特定论保护主义者更加关心本国公民的福利。

在美国，消费者保护人拉尔夫·纳德崭露头角，成为了普世论保护主义者的主要代表人物。在欧洲，已成立的绿色团体的代言人早就指出，毫无节制的新自由主义的全球化已经导致了全球环境的严重恶化。欧洲和美国的无政府主义者也赞成这一观点，但是，与纳德和绿色人士不同，他们为达到目标，情愿有选择性地使用一些暴力手段。在南半球，反新自由主义的民主大众运动代表了普世论保护主义者的观点，如墨西哥的萨帕塔运动、印度的抱树运动和海地总统让-贝特朗·阿里斯蒂德领导的穷人运动都是如此。其中一些团体已经和反全球主义的国际非政府组织建立了密切的联系。

普世论保护主义

在致力于创建更加公平合理的南北半球关系的进步政党那里，人们能够发现普世论保护主义者；此外，还包括数量日益增多的非政府组织和跨国网络，它们关注环境保护、公平贸易、国际劳工问题、人权及妇女问题。这些团体挑战了上一章所讨论的那些全球主义的重要主张，并提出要建立一种基于全球财富与权力再分配之上的国际新秩序。普世论保护主义者宣称指导他们思想的是，他们不仅要为本国公民，而且要为全世界人民争取社会正义与公平。他们指责奉行全球主义的精英所推行的政策，因为它们导致了更大程度上的全球不平等、高失业率、环境恶化以及社会福利的消失。他们呼吁一个“来自下层的全球化”，它对被边缘化的人和穷人有利，企图保护全世界的普通人免受新自由主义的“来自上层的全球化”的伤害。

在讨论近几年主要的反全球主义活动之前，我们先来详细地看一下这两大反全球主义阵营最引人注目的代言人。

特定论保护主义者

从20世纪60年代早期开始，帕特里克·J.布坎南就与美国共和党的右翼联系在了一起。他把自己看做一个富有爱国主义精神的保护者，保护“辛勤的美国人”，反对公司精英、近来的移民、福利接受者以及享受“特权”的少数族裔。近年来，美国民族主义组织的数量陡然上升，他们反全球主义的言辞甚至比布坎南的民族主义更加极端。一些如约翰·伯奇协会、基督教联盟、自由游说团以及所谓的爱国和民兵运动之类的团体深信，全球化是美国许多社会问题的根源。他们觉得全球化在吞噬自己的国家，是一种异己的邪恶的意识形态，他们担心跨国势力正在无情地销蚀着“美国的传统生活方式”。

就自由贸易和移民问题与共和党高层产生严重分歧之后，布坎南在2000年脱离了共和党，成为民粹改革党的总统候选人。在其畅销书和激烈的竞选演讲中，他把自己的反全球化立场说成是“经济民族主义”——按照为狭隘的民族利益服务的方式来设计经济。他经常这样来表达自己的信念：在当代美国社会的核心，美国民族主义的要求与全球经济控制之间存在着

图 11 帕特里克·J.布坎南。

难以抑制的冲突。布坎南认为,美国大多数主流政客都受制于跨国公司的利益,这些利益支持由国际贸易组织和其他国际机构牵头的全球管理结构,正在损害着美国的国家主权。同时,他也指责“倡导多元文化主义的自由主义者”为百万移民打开了国门,而这些移民正是造成美国经济和道德衰退的原因。

欧洲特定论保护主义者就经济民族主义发表的讲话也愈发激烈,这使他们更容易激发公众对全球化带来的经济和文化后果的焦虑。他们的目标是国际银行家、货币交易者、“自由资本”、跨国公司以及布鲁塞尔的欧盟管理机构。从西班牙到俄罗斯的右翼党派都把全球化看成是对国家主权和自决权的最大威胁,都在全力倡导保护主义的措施和重新调整国际金融市场。

当反全球主义的言谈与所谓的“外国人问题”合为一体时,它似乎成了一种特别有效的武器。许多年来,在奥地利、德国和欧洲其他国家,移民、客籍劳工以及总体上的“过度异国化”问题已经成为了触发公众怨恨的催化剂，因为外国人很容易被人看成是威胁侨居国文化传承和文化身份的替罪羊。仇外通常与成功地妖魔化全球化密切相关。认为全球化是必然的、不可逆转的这种全球主义的主张，经常遭到依照特定论保护主义主题组织起来的政党的攻击。附和着布坎南的措辞，它们呼吁强势政治领导人的出现，以中断新自由主义这一主宰世界的力量。这些党派中的大多数人都预见，会出现一个由欧洲主权国家组成的“欧洲堡垒”，这些国家会维护本地区的政治、经济和文化独立。

北半球特定论保护主义的兴起是对新自由主义全球化带来的经济困顿和文化混乱的权威性反应。“全球化的受害者”包括产业工人、小企业主和小农场主，这些人对稳固界限与熟悉秩序的解体感到非常焦虑。他们的政治代表向公众表达了一个愿望，即希望建立一个文化统一、道德稳固及具有民族优越感的真实世界或想象世界。

奥萨玛·本·拉登激进的伊斯兰教义也带有一种家长式的等级制风格。本·拉登表现出具有超凡魅力的领导者和无畏的信仰捍卫者的形象，其宗教激进思想激发他与被自己看做是异己的邪恶势力做斗争。在阿拉伯世界，人们通常把全球化与美国的经济和文化统治联系在一起。如第一章所指出的，像本·拉登的“基地”恐怖网络这样的宗教组织增强了一种共同的感觉，即西方的现代化不但没有结束本地区的普遍贫困，反而还加剧了他们自己社会的政治不稳定，强化了世俗化的倾向。

宗教激进主义的出现，通常是人们对自由主义或世俗世界物质侵袭的反应。本·拉登和他的追随者吸收了 18 世纪神学家穆罕默德·伊本·阿布德·瓦哈卜广泛传播的宗教复兴运动思想，企图以任何必要的方式，让穆斯林世界回归到一个“纯粹”和“本真”的伊斯兰世界。他们的敌人不仅是以美国为首的全球化势力，而且还包括国内那些接受了外来的现代性影响力并将其强加给伊斯兰民族的团体。奥萨玛·本·拉登及其“基地”组织追随者的恐怖主义的方式可能与伊斯兰教的基本教义相矛盾，但他们反全球化的斗争却在特定论保护主义的价值观和信念里找到了意识形态上的支持。

普世论保护主义者

拉尔夫·纳德是美国普世论保护主义阵营的主要代表，他以对公司全球化犀利的批判而久负盛誉。截至 20 世纪 90 年代，已有超过十五万人踊跃加入了他的六大非盈利性组织。其中之一的**全球贸易观察**已经成为了一家主要的反全球主义的监督机构，它监视国际货币基金组织、世界银行及国际贸易组织的活动。1996 年和 2000 年，在作为绿党候选人参加总统竞选期间，纳德以民主原则的保护者自居，反对全球主义的新自由主义势力。然而，与布坎南的民族主义版本不同，纳德的保护主义并不会激发起民众怨恨少数族裔、近来的移民或者福利接受者的怒火。事实上，他的思想总是归结到这样一点，即必须在国际上联合平等主义势力来反对全球主义。他还强调，消除贫困以及保护环境已成为迫在眉睫的道德问题，它应该超越国家或地区有限的领土框架。

纳德拒绝接受全球主义者的主张，即全球化等于市场的自由化和一体化，而且前者对后者的促动是必然的、不可逆转的。在他看来，成功挑战全球化是可能的，但这需要发动一场跨越国界的非暴力抵抗运动。这位绿党候选人并不强调强势政治领

图 12 拉尔夫·纳德。

导者的中心作用，而是唤起了人们对世界上非暴力社会正义运动的记忆。在这些运动中，普通大众为战胜猝然纠集在一起的反民主力量而并肩作战。

拉尔夫·纳德在美国的组织网络是新兴的国际非政府组织全球网络的一部分，这些组织的成员相信，草根阶层能够改变当前全球化的新自由主义进程。现在，世界各地有成千上万个这样的组织。有些仅由少量积极分子组成，而另外一些的成员会多一些。例如，**第三世界网络**就是一个非盈利性的国际组织网络，其总部设在马来西亚，在五大洲都有地区办事处。它的目标是研究与南半球有关的发展问题，为国际会议的反全球主义视角提供一个平台。**全球化国际论坛**是一个全球性的联盟，由活动家、学者、经济学家、研究人员及作家组成，他们以普世论保护主义的方式发起活动以回应全球主义。此外，跨国妇女网络从世界各国吸纳妇女团体，发展公共政策计划，其中具有代表性的是那些与妇女权利有关的建议。事实上，鉴于新自由主义的结构调整项目的很多受害者都是南半球的妇女，目睹这些组织的快速发展也就不足为奇了。

在兴起之初，所有这些普世论保护主义的网络都不过是看上去并不起眼的小团体，由志同道合的人组成。很多这类组织都从发展中国家反全球化的斗争特别是墨西哥的萨帕塔起义中吸取了理论和实践方面的重要教训。1994 年 1 月 1 日，北美自由贸易协定生效的那天，一小队自称**萨帕塔民族解放军**的反叛者占领了墨西哥东南恰帕斯地区的四个城市。随后几年，萨帕塔运动与墨西哥军队和警察进行过几次小规模的战争，继续抗议实施北美自由贸易协定以及其领导人马乔什副总司令所谓的“旨在消除那些对强权者无用的大众的全球经济进程”。此外，萨帕塔运动还提出了一个全面的反全球主义纲领，决心逆转新自由主义市场政策带来的破坏性后果。虽然萨帕塔运动的参与者坚持说他们的斗争大都与恢复墨西哥土著和穷人的政治和经济利益相关，但同时，他们也强调必须在全球范围内开展反新自由主义的斗争。

不管是在特定论者还是在普世论者的阵营里，反全球主义的保护主义者的策略都是从言论和行动上挑战全球主义。在 20 世纪 90 年代的大部分时间里，相对于占支配地位的新自由主义模式来说，这种反全球主义的努力看上去似乎无济于事。然而近几年来，全球主义还是不断受到了来自两个阵营的反对者的攻击。

从西雅图反世界贸易组织的抗议到对世界贸易中心和五角大楼的恐怖主义袭击

1999 年 6 月 18 日，有迹象清楚地表明，在全球主义与它的挑战者势力之间，一场大规模的冲突即将来临；当时，各种劳工团体、人权团体和环境团体组织了一个叫做“6·18”的国际性抗议活动——此时正值八国集团在德国科隆举行经济峰会。北美洲和欧洲的城市金融区遭到了经过精密筹划的直接行动的冲击，包括大规模的街头抗议以及由黑客高手为破坏大型公司计算机系统而发动的一万多次“网络攻击”。在伦敦，2000 名抗议者的游行转变为暴力活动，几十人受伤，财产损失惨重。

六个月后，有四五万人参加了西雅图的反世界贸易组织的抗议活动。虽然参加抗议者主要来自北美洲，但也有相当一部分人来自其他国家。若泽·博韦这样的激进分子——他是法国的牧羊农场主，因破坏一家麦当劳快餐店而成为了国际知名人物——与印度农民及菲律宾农民运动的领袖并肩游行。这个东拼西凑起来的反全球主义联盟包括消费者激进分子、劳工激进分子（包括为抗议血汗工厂而游行的学生）、环境保护主义者、动物权利激进分子、拥护解除第三世界债务的人、女权主义者及人权辩护者，它清楚地表达了普世论保护主义者所关心的事情。声势浩大的这群人代表了七百多家组织和团体，他们对世界贸易组织在农业、多边投资及知识产权方面的新自由主义立场提出了批评。

然而，与这些团体共同前进的，还有一些代表特定论保护主义观点的人。例如，帕特里克·布坎南曾呼吁他的支持者加入抵制世界贸易组织的反全球主义事业。与此类似，那些坚持已见的新法西斯主义士兵，如总部位于伊利诺伊州的“世界造物主教会”的创始人马特·黑尔，则鼓励他们的追随者来西雅图“破坏敌人机器的齿轮”。我们仍可以肯定地说，大多数汇集在西雅图的示威者都对自由市场资本主义与公司全球化提出了普世论式的批评。他们传达的主要信息是，世界贸易组织制定的全球规则以牺牲发展中国家、穷人、环境、工人及消费者为代价来支持公司利益，这太过分了。

会议开始那天，大群示威者阻碍了市中心的交通。他们手拉手，设法挡住进入会议中心的主入场口。许多曾受过非暴力抵抗方法训练的示威者要求封锁重要的路口和入口，借以使国际贸易组织会议无法举行。当几百个会议代表一路匆忙进入会场时，西雅图警察开始加紧清理道路。很快，他们向人群——包括那些安静地坐在人行道和路面上的人群发射了催泪瓦斯。几个小时后，西雅图警察看到并未成功达到目的，便使用了警棍、橡皮子弹、胡椒水喷剂以对付其余的示威者。一些警官甚至用手指把胡椒水喷剂灌进受害者的眼睛里，以及用脚踢非暴力抗议者的腹部。警察一共逮捕了六百多人。值得注意的是，对其中五百多人的指控最终被撤销。实际上接受审理的只有 14 个案件，最终有 10 人认罪，2 人被判无罪，只有 2 人被判有罪。

当然，大约有二百人拒绝保证自己只会采取非暴力的直接行动，他们以砸店面和翻倒垃圾箱为乐。这些年轻抗议者大都是“黑色集团”的成员——一个总部位于俄勒冈州的无政府组织，从意识形态上反对自由市场资本主义和国家集权。头戴黑色头巾，脚登长统靴，“黑色集团”的成员捣毁了那些被认为从事了残酷商业活动的商店。例如，他们放了嘉信理财公司一马，却砸毁了富达投资公司的窗户，因为它在“西方石油”——一家

图 13 1999 年 11 月 30 日，警察使用催泪瓦斯击退西雅图市区的反世界贸易组织的抗议者。

应为暴力打击哥伦比亚土著负主要责任的石油公司——拥有高额投资。他们行动起来反对星巴克咖啡,因为这家公司并不支持公平的咖啡贸易;但他们并不反对塔利兹咖啡。他们没动娱乐设备公司,却给盖普服装店造成了损失,因为这家公司严重依赖亚洲的血汗工厂。

会议中心的谈判磋商也没能够顺利进行。导致会议开幕延迟的诸多不利因素已经让世界贸易组织的代表们疲于应付,而他们很快又因国际劳工和环境标准之类的重要问题陷入了僵局——很多来自南半球国家的代表拒绝支持这样一个由经济大国私下里起草的议程。在会场内外两种抗议的夹攻下,官员们企图使事态恢复正常。克林顿总统一方面强调自由贸易和全球化的"好处",但同时也不得不承认世界贸易组织需要实行"一些内部改革"。最后,西雅图会议并没有达成实质性协议。

具有讽刺意味的是,西雅图之战证明了,全球主义者为之雀跃欢呼的许多新技术既代表了全球化,也可以为反全球化势力及其政治议程服务。例如,因特网使得西雅图事件的组织者能够安排新形式的抗议活动,比如在全球许多个城市同时进行一系列示威活动。全世界的个人及团体可以利用因特网快速和便捷地吸纳新成员、确定聚会的日期、共享经历、安排后勤事宜,以及确定和宣传作战目标——而在15年前,这些活动需要花费更多的时间和金钱。其他新技术(如移动电话)不仅让示威者能自始至终保持密切的联系,而且能快速有效地应对警察不断变换的战术。即使没有指挥中心、明确的领导层、庞大的官僚机构及大量的资金来源,随着安排和协调抗议活动能力的提高,街头示威活动在本质上焕然一新。

在西雅图反世界贸易组织抗议活动后的几个月里,世界各地接连不断地发生了几场反新自由主义全球化的大规模示威活动。下面是其中的一些事件：

华盛顿特区，2000 年 4 月

一万五千至三万名来自世界各地的反全球主义积极分子，试图迫使国际货币基金组织和世界银行每半年一次的会议无法举行。虽然多数抗议者并没有暴力行为，但还是有 1300 人被捕。

布拉格，2000 年 9 月

大约有一万名抗议者企图破坏货币基金组织和世界银行的年会。在一些游行者与警察发生冲突受伤后，街头示威活动转变为暴力活动，有 400 人被捕。

达沃斯，2001 年 1 月

反全球主义势力突然袭击了在瑞士山区度假胜地举行的世界经济论坛年会。这被认为是自二战以来发生在本国的最大的一次安全行动，有成千上万的警察和部队机构处于高度戒备的状态。警察与示威者的巷战致使几十人受伤，几百人被捕。残暴对待和平抗议者的这一行径遭到了来自瑞士国内外的强烈批评。

魁北克市，2001 年 4 月

有三万多名反全球主义的抗议者在美洲国家首脑会议召开地游行。警察与一些示威者发生了激烈的街头冲突。有四百多人被捕。

伦敦，2001 年 5 月

成千上万的反全球主义者在伦敦的主要购物区游行。全副武装的警察部队与和平的示威者都尽力避免发生严重冲突。

哥德堡，2001 年 6 月

在瑞典举行的欧盟峰会上，成千上万人举行了反全球主义的示威活动。和平的游行转变为暴力事件，3 名抗议者中弹身亡。城里的购物街遭到严重破坏。大约有五百人被捕。

热那亚，2001 年 7 月

10 万名反全球主义示威者袭击了在意大利召开的八国集团峰会。一小部分无政府主义者与警察发生持续交火，抗议活动转变为暴力事件。几十人受伤，还有一名抗议者被警察击毙。

在很短的时间内，当三架被劫持的商业客机接连撞击了纽约世界贸易中心和华盛顿特区国防部五角大楼时，人们正在筹备着类似的大规模示威活动，以反对 2001 年 9 月 11 日举行的国际货币基金组织和世界银行的秋季会议。在劫机分子到达其预定目标之前，第四架飞机在宾夕法尼亚州坠毁。不到两个小时的时间里，有三千多名无辜者丧生，其中包括上千名勇敢的纽约警察和消防员，他们被困在世界贸易中心正在坍塌的大厦里。

在袭击发生后的几个星期里，一切都已水落石出：早在几

图 14 燃烧中的世界贸易中心双子大厦,2001 年 9 月 11 日倒塌前片刻。

年前,“基地”组织的恐怖主义网络就已着手策划这次行动了。在随后几个月出现的几盘录像带里,奥萨玛·本·拉登清楚无疑地表明,就是他的组织制造了这些残忍的暴行,而这都是为了回应全球化的各种表现:美国在全球的军事扩张特别是在沙特阿拉伯的军事基地,1991年海湾战争的国际化,不断升级的巴以冲突,现代世界的“异教信仰”,长达80年的“国际异教徒”对“伊斯兰国家”进行“百般羞辱”的历史。通过把世界人口划分为“那些求助于真主的人”与“那些拒绝服从真主宗教的人”,奥萨玛·本·拉登对以美国为首的“国际异教徒”宣战,以最极端的形式体现了特定论保护主义的冲动。

毫无疑问,对有关全球化的意义及其发展方向的争论来说,2001年的“9·11事件”带来的是未曾预料到的震动。如美国总统乔治·W.布什在袭击发生九天后对国会的电视讲话中所解释的,打击恐怖主义的战争一定是旷日持久的,会波及全球。反恐战争会带来更为广泛的国际合作和相互依存的形式吗?抑或它会阻碍全球化强劲的发展势头?2003年春,反恐战争延伸至伊拉克,可见促进全球合作的前景似乎确实并不美妙。当英美军队陷入了旷日持久、消耗巨大的游击战争的泥潭之中难以自拔时,全球化的黑暗面——日益加剧的文化冲突和日渐突出的经济不平衡现象——似乎正在占据上风。让我们转向本书的结论部分,来简要地推测一下全球化的未来。

第八章
对全球化未来的估量

仅靠开展一场“反恐战争”就能停止或减缓像全球化这样强大的一组社会进程，乍一想，这似乎令人难以置信。然而，现在已经出现了一些早期的警示性迹象。全世界主要的海港和机场已经实施了更为严格的国界控制和安全措施，这给旅行和国际贸易带来了更多的麻烦。在公共话语中，要求严控国界和保持泾渭分明的文化分界的呼声越来越高。世界各地到处展现着斗狠好勇的爱国主义情绪。

细察现代史，我们不难发现，大规模的暴力冲突能阻止甚至逆转全球化先前的趋势。如我们在第二章所指出的，1860 至 1914 年这段时期构成了全球化的“黄金时代”，其特点是交通和通讯网络的前所未有的发展，国际贸易的快速增长以及资本的巨额流动。但全球化在性质上是资本主义和帝国主义的，它从被殖民的南半球转移资源以换取欧洲的产品。英国作为世界上首屈一指的超级大国，其政治制度和文化观念已传遍全球。然而，在大英帝国的保护下，不遗余力地推行一个单一的全球市场，这种做法却导致了严重的反全球化逆流，并最终引起了第一次世界大战的爆发。

在一项有关这一主题的重要研究中，已故的政治经济学家卡尔·波拉尼认为,20 世纪前半期支配世界的社会危机的根源在于那些企图使市场自由化与全球化的拙劣构想。通过一条能有效分割经济活动与社会关系的无情的市场逻辑,商业利益逐渐控制了社会。自由市场原则摧毁了彼此负责的社会综合关系,也破坏了公共的价值观念,如公民义务、互惠及再分配。许多人在突然发现他们缺乏一个适当的社会安全和公共支持体系的时候,便为保护自己采取了激进措施来反对市场全球化。波拉尼指出,欧洲反全球主义运动最终在国家层面上产生了强行通过保护性社会立法的政党。第一次世界大战后,经过一场旷日持久的严重经济混乱,特定论保护主义的冲动最极端的表现就是意大利法西斯主义和德国民族社会主义。最终,奉行自由主义的全球主义者试图要全世界都服从自由市场的要求,这一梦想激发了一场同样极端的反抗运动——这场反抗运动使得市场变成了极权国家的附属物。

显然,波拉尼的分析适用于当下的状况。当今这个版本的全球主义像它 19 世纪的前身一样,也代表了一次规模宏大的实验,即在全世界范围内发动消费文化和撤销对经济的管制。但如我们在前一章中所看到的,新自由主义全球化的兴起并非没有遇到挑战。21 世纪的反全球主义力量——特别是在特定论保护主义的强烈表现方面——似乎能够吸引那些对全球化愤怒不满的数以百万计的受害者,他们情愿采取暴力手段以达到政治目的。因此,不难想象,在这场美国政府及其联盟对全世界越来越多的恐怖组织及其支持者的讨伐战争中,“基地”组织对世界贸易中心和五角大楼的袭击不过是日益扩大的全球战争的一个开端而已。这一可怕的对抗性反应可能会减缓全球化的速度。

另一方面，继续遏制这股强烈的特定论保护主义势力，实际上也可能会加强国际间的合作，并有助于形成新的全球联盟。为了消除恐怖主义的主要社会根源，北半球国家可能会愿意以实质性的改革日程来取代占主导地位的新自由主义的全球化，这一日程意在缩减现存的全球贫富和福利差距。不幸的是，虽然许多全球主义者信誓旦旦地要为他们掠夺式的全球化装上一张"人性化的面孔"，但他们并未突破自身的团体议程这一参照标准。他们提出的"改革"，如果确实有所实行的话，在性质上也基本是象征性的。

例如，随着西雅图的示威活动而来的是，富国代表们与世界贸易组织总干事一起向全世界的观众保证，他们愿意改革这一经济机构的规则和结构，使它向着更加透明和负责任的方向发展。然而，三年过去了，人们并没有看到他们采取任何具体的步骤来兑现这些承诺。当然，发展中国家提出要重新审查存在问题的程序，应它们的这一强烈要求，世界贸易组织一直都在举行全体理事会会议。但是，控制世界贸易组织的北半球强权政府的代言人已清楚地表示，他们认为现存的布局具有法律约束力。在他们看来，只有在新一轮全面多边谈判的情况下，世界贸易组织才能致力于解决程序问题，而且谈判必须根据许多发展中国家和特定论保护主义组织有争议的那些规则来进行。

这种以温和的改革主义的新言论来巩固全球主义范式的新策略可能会在短期内奏效，但是从长远来看，全球不平等的加剧和接连不断的社会不稳定中潜伏着发动反动社会力量的可能性。与这些力量相比，就连 20 世纪三四十年代给千百万人带来苦难的力量也相形见绌。确实，如最近的事态所示，全球化的生死存亡将取决于它能否实现根本转变。为了防止全球主义与其反对者之间的激烈冲突进一步升级，世界领导者必须设计并实施全面的“全球新政”。

这一全球新政的核心是，在全世界认真努力地构建休戚相关的网络。这样一轮宏大谈判中最重要的肯定是要求富国一方做出真诚的、改善南北关系的承诺。2002年1月，在巴西召开的世界社会论坛峰会——普世论保护主义在达沃斯新自由主义的世界经济论坛之外的另一选择——吸引了五万多名与会者。他们围绕全球管理、社会和经济平等及人权问题，讨论了一大批旨在转变全球化现状的提案。具体的政策提议包括（但并不仅限于）下面列举的项目。

1. 一个为南半球而制订的“马歇尔计划”，它包括减免第三世界的债务
2. 为国际金融交易征税
3. 取消那些为富人和公司提供避税港的海外金融中心
4. 执行严格的全球环境协议
5. 执行更加公平的全球发展议程
6. 建立一个新的世界开发机构，主要由北半球国家通过金融交易税之类的措施来提供财政支持，并且主要由南半球国家来实施管理
7. 建立国际劳工保护标准，或许把这些标准作为深度改革后的世界贸易组织的条款
8. 国际机构和国家政府为公民提供更高程度上的透明性和更多责任感
9. 使所有全球化的管理都对性别问题明确保持敏感性

无疑，“9·11”恐怖主义袭击及随后在阿富汗和伊拉克的反

恐战争，已严重影响了全球化名下社会进程的形态和发展方向。人类已经处在另一个关键时刻。除非我们愿意眼看着全球不平等发展到这样的程度——为特定论保护主义暴力吸纳新成员——否则此时，我们就必须把全球化的未来道路与深入的改革主义日程联系起来。如我在本书自始至终所强调的，全球化带来的社会相互依存的多数表现并没有问题。然而，这些转变性的社会进程必须能挑战当前全球种族隔离的压迫性结构（它把世界划分为一个享有特殊利益的北半球与一个贫困的南半球）。如果这果真能够实现，全球化将会带来一种真正民主和平等的全球秩序。

索引

（条目后的数字为原文页码）

A

B

C

D

E

F

G

H

I

J

K

L

M

N

O

P

R

S

T

U

V

W

X

Z

Manfred B. Steger

GLOBALIZATION

A Very Short Introduction

For my students at Illinois State University
and the University of Hawai'i-Manoa.

Contents

Preface

It is a daunting task to write a short, accessible introduction to such a complex topic as 'globalization'. This challenge becomes even more formidable in the case of a *very short* introduction. Hence, it is not surprising that the authors of the few existing short introductions to the subject have opted to discuss only one aspect of globalization – usually the emerging global economic system, its history, structure, and supposed benefits and failings. While helpful in explaining the intricacies of international trade policy, global financial markets, worldwide flows of goods, services, and labour, transnational corporations, offshore financial centres, foreign direct investment, and the new international economic institutions, such narrow accounts often leave the general reader with a shallow understanding of globalization as primarily an economic phenomenon.

To be sure, the discussion of economic matters must be a significant part of any comprehensive account of globalization, but the latter should not be conflated with the former. The present volume makes the case that globalization is best thought of as a multidimensional set of social processes that resists being confined to any single thematic framework. Indeed, the transformative powers of globalization reach deeply into the economic, political, cultural, technological, and ecological dimensions of contemporary social life.

In addition, globalization contains important *discursive* aspects in the form of ideologically charged narratives that put before the public a particular agenda of topics for discussion, questions to ask, and claims to make. The existence of these narratives shows that globalization is not merely an objective process, but also a plethora of stories that define, describe, and analyse that very process. The social forces behind these competing accounts of globalization seek to endow this relatively new buzzword with norms, values, and meanings that not only legitimate and advance specific power interests, but also shape the personal and collective identities of billions of people. In order to shed light on these rhetorical manoeuvres, any introduction to globalization ought to examine its ideological dimension. After all, it is mostly the question of whether globalization ought to be considered a 'good' or a 'bad' thing that has spawned heated debates in classrooms, boardrooms, and on the streets.

This book has been written with a keen awareness that the study of globalization falls outside currently established academic fields. Yet, the lack of a firm disciplinary home also contains great opportunity. 'Globalization studies' is emerging as a new field that cuts across traditional disciplinary boundaries. This strong emphasis on interdisciplinarity requires students of globalization to familiarize themselves with literatures on subjects that have often been studied in isolation from each other. The greatest challenge facing today's globalization researcher lies, therefore, in connecting and synthesizing the various strands of knowledge in a way that does justice to the increasingly fluid and interdependent nature of our postmodern world. In short, globalization studies calls for an interdisciplinary approach broad enough to behold the 'big picture'. Such a comprehensive intellectual enterprise may well lead to the rehabilitation of the academic generalist whose status, for too long, has been overshadowed by the specialist.

Finally, let me add a word of clarification. While the main purpose of this book lies in providing its audience with a descriptive and explanatory account of the various dimensions of globalization, the careful reader will detect throughout the chapters a critical undertone.

However, my sceptical perspective on the nature and the effects of contemporary forms of globalization should not be interpreted as a blanket rejection of the phenomenon itself. I believe that we should take comfort in the fact that the world is becoming a more interdependent place that enhances people's chances to recognize and acknowledge their common humanity. I welcome the progressive transformation of social structures that goes by the name of globalization, provided that the global flow of ideas and commodities, and the rapid development of technology, go hand in hand with greater forms of freedom and equality for all people, as well as with more effective protection of our global environment. The brunt of my critique is directed at particular manifestations and tendencies of globalization that strike me as being at odds with the noble cosmopolitan vision of a more egalitarian and less violent global order.

It is a pleasant duty to record my debts of gratitude. First, I want to thank my colleagues and friends at the Globalization Research Center at the University of Hawai'i-Manoa for their consistent support of my research agenda. Special thanks are also due to my colleagues at Illinois State University, particularly Jamal Nassar and Lane Crothers, for their willingness to read parts of the manuscript and offer helpful suggestions. I also want to express my deep appreciation to numerous readers, reviewers, and audiences around the world, who, over several years, made insightful comments in response to my public lectures and publications on the subject of globalization.

I am grateful to Eldon Wegner, chair of the department of sociology at the University of Hawai'i-Manoa, for his efforts to provide me with valuable office space as well as with the opportunity to teach relevant summer courses in social theory. I also appreciate the enthusiastic research assistance provided by my graduate assistant Ryan Canney.

Franz J. Broswimmer, a wonderful friend and hard-working research specialist at the Globalization Research Center in Honolulu, deserves special recognition. He supplied me with valuable information on the ecological and historical aspects of globalization. Shelley Cox, my editor at Oxford University Press, has been a shining example of professionalism and competence. Finally, as always, I want to thank my wife, Perle Besserman, for her untiring support. Many people have contributed to improving the quality of this book; its remaining flaws are my own responsibility.

Abbreviations

AOL	America Online
APEC	Asian Pacific Economic Cooperation
ASEAN	Association of South East Asian Nations
BCE	Before the Common Era
CE	Common Era
CEO	Chief Executive Officer
CFCs	Chlorofluorocarbons
CITES	Convention on International Trade in Endangered Species of Wild Flora and Fauna
CNN	Cable News Network
CNBC	Cable National Broadcasting Corporation
EU	European Union
FTAA	Free Trade Area of the Americas
G8	Group of Eight
GATT	General Agreement of Tariffs and Trade
GDP	Gross domestic product
GNP	Gross national product
INGO	International non-governmental organization
IMF	International Monetary Fund
MAI	Multilateral Agreement on Investment
MERCOSUR	*Mercado Comun del Sur* (Southern Common Market)
MTV	Music Television
NAFTA	North American Free Trade Agreement

NATO	North Atlantic Treaty Organization
NGO	Non-governmental organization
OECD	Organization for Economic Cooperation and Development
OPEC	Organization of Petroleum Exporting Countries
TNCs	Transnational Corporations
UN	United Nations
UNESCO	United Nations Educational, Scientific and Cultural Organization
WTO	World Trade Organization

List of illustrations

Chapter 1
Globalization: a contested concept

In the autumn of 2001, I was teaching an undergraduate class on modern political and social theory. Still traumatized by the recent terrorist attacks on the World Trade Center and the Pentagon, most of my students couldn't quite grasp the connection between the violent forces of religious fundamentalism and the more secular picture of a technologically sophisticated, rapidly globalizing world that I had sought to convey in class lectures and discussions. 'I understand that "globalization" is a contested concept that refers to sometimes contradictory social processes,' a bright history major at the back of the room quipped, 'but how can you say that the TV image of a religious fanatic who denounces modernity and secularism from a mountain cave in Afghanistan perfectly captures the complex dynamics of globalization? Don't these terrible acts of terrorism suggest the opposite, namely, the growth of parochial forces that undermine globalization?' Obviously, the student was referring to Saudi-born Al Qaeda leader Osama bin Laden, whose videotaped statement condemning the activities of 'international infidels' had been broadcast worldwide on 7 October.

Struck by the sense of intellectual urgency that fuelled my student's question, I realized that the story of globalization would remain elusive without real-life examples capable of breathing shape, colour, and sound into a vague concept that had become *the* buzzword of our time. Hence, before delving into necessary matters of definition and analytical clarification, we ought to approach our subject in less abstract fashion. I suggest we begin our journey with a careful examination of the aforementioned videotape. It will soon become fairly obvious why a deconstruction of those images provides important clues to the nature and dynamics of the phenomenon we have come to call 'globalization'.

Deconstructing Osama bin Laden

The infamous videotape bears no date, but experts estimate that the recording was made less than two weeks before it was broadcast. The timing of its release appears to have been carefully planned so as to achieve the maximum effect on the day the United States commenced its bombing campaign against Taliban and Al Qaeda ('The Base') forces in Afghanistan. Although Osama bin Laden and his top lieutenants were then hiding in a remote region of the country, they obviously possessed the hi-tech equipment needed to record the statement. Moreover, Al Qaeda members clearly enjoyed immediate access to sophisticated information and telecommunication networks that kept them informed – in real-time – of relevant international developments. Bin Laden may have denounced the forces of modernity with great conviction, but the smooth operation of his entire organization was entirely dependent on advanced forms of technology developed in the last two decades of the 20th century.

To further illustrate this apparent contradiction, consider the complex chain of global interdependencies that must have existed in order for bin Laden's message to be heard and seen by billions of TV viewers around the world. After making its way from the secluded mountains of eastern Afghanistan to the capital city of Kabul, the videotape was dropped off by an unknown courier outside the local office of Al-Jazeera, a Qatar-based television company. This network had been launched only five years earlier as a state-financed, Arabic-language news and current affairs channel that offered limited programming. Before the founding of Al-Jazeera, cutting-edge TV journalism – such as free-ranging public affairs interviews and talk shows with call-in audiences – simply did not exist in the Arab world. Within only three years, however, Al-Jazeera was offering its Middle Eastern audience a dizzying array of programmes, transmitted around the clock by powerful satellites put into orbit by European rockets and American space shuttles.

Indeed, the network's market share increased even further as a result of the dramatic reduction in the price and size of satellite dishes. Suddenly, such technologies became affordable, even for low-income consumers. By the turn of the century, Al-Jazeera broadcasts could be watched around the clock on all five continents. In 2001, the company further intensified its global reach when its chief executives signed a lucrative cooperation agreement with CNN, the leading news network owned by the giant multinational corporation AOL-Time-Warner. A few months later, when the world's attention shifted to the war in Afghanistan, Al-Jazeera had already positioned itself as a truly global player, powerful enough to rent equipment to such prominent news providers as Reuters and ABC, sell satellite time to the Associated Press and BBC, and design an innovative Arabic-language business news channel together with its other American network partner, CNBC.

Unhampered by national borders and geographical obstacles, cooperation among these sprawling news networks had become so efficient that CNN acquired and broadcast a copy of the Osama bin Laden tape only a few hours after it had been delivered to the Al-Jazeera office in Kabul. Caught off guard by the incredible speed of today's information exchange, the Bush administration asked the Qatari government to 'rein in Al-Jazeera', claiming that the swift airing of the bin Laden tape without prior consultation was contributing to the rise of anti-American sentiments in the Arab world and thus threatened to undermine the US war effort. However, not only was the perceived 'damage' already done, but segments of the tape – including the full text of bin Laden's statement – could be viewed online by anyone with access to a computer and a modem. The Al-Jazeera website quickly attracted an international audience as its daily hit count skyrocketed to over seven million.

There can be no doubt that it was the existence of this chain of global interdependencies and interconnections that made possible the instant broadcast of bin Laden's speech to a global audience. At the same time, however, it must be emphasized that even those voices that oppose modernity cannot extricate themselves from the very process of globalization they so decry. In order to spread their message and recruit new sympathizers, antimodernizers must utilize the tools provided by globalization. This obvious truth was visible even in bin Laden's personal appearance. The tape shows that he was wearing contemporary military fatigues over traditional Arab garments. In other words, his dress reflects the contemporary processes of fragmentation and cross-fertilization that globalization scholars call 'hybridization' – the mixing of different cultural forms and styles facilitated by global economic and cultural exchanges. In fact, the pale colours of bin Laden's mottled combat dress betrayed its Russian origins, suggesting that he wore the jacket as a symbolic reminder of the fierce guerrilla war waged by him and other Islamic militants against the Soviet occupation forces in Afghanistan during the 1980s. His ever-present AK-47 Kalashnikov, too, was probably made in Russia, although dozens of gun factories around the world have been building this popular assault rifle for over 40 years. By the mid-1990s, more than 70 million Kalashnikovs had been manufactured in Russia and abroad. At least 50 national armies include such rifles in their arsenal, making Kalashnikovs truly weapons of global choice. Thus, bin Laden's AK-47 could have come from anywhere in the world. However, given the astonishing globalization of organized crime during the last two decades, it is quite conceivable that bin Laden's rifle was part of an illegal arms deal hatched and executed by such powerful international criminal organizations as Al Qaeda and the Russian Mafia. It is also possible that the rifle arrived in Afghanistan by means of an underground arms trade.

A close look at bin Laden's right wrist reveals yet another clue to the powerful dynamics of globalization. As he directs his words of contempt for the United States and its allies at his hand-held microphone, his retreating sleeve exposes a stylish sports watch. Journalists who noticed this expensive accessory have speculated about the origins of the timepiece in question. The emerging consensus points to a Timex product. However, given that Timex watches are as American as apple pie, it seems rather ironic that the Al Qaeda leader should have chosen this particular chronometer. After all, Timex Corporation, originally the Waterbury Clock Company, was founded in the 1850s in Connecticut's Naugatuck Valley, known throughout the 19th century as the 'Switzerland of America'. Today, the company has gone multinational, maintaining close relations to affiliated businesses and sales offices in 65 countries. The corporation employs 7,500 employees, located on four continents. Thousands of workers – mostly from low-wage countries in the global South – constitute the driving force behind Timex's global production process.

Our brief deconstruction of some of the central images on the videotape makes it easier to understand why the seemingly anachronistic images of an antimodern terrorist in front of an Afghan cave do, in fact, capture some essential dynamics of globalization. Indeed, the tensions between the forces of particularism and those of universalism have reached unprecedented levels only because interdependencies that connect the local to the global have been growing faster than at any time in history. The rise of international terrorist organizations like Al Qaeda represents but one of the many manifestations of globalization. Just as bin Laden's romantic ideology of a 'pure Islam' is itself the result of the modern imagination, so has our global age with its obsession for technology and its mass-market commodities indelibly shaped the violent backlash against globalization.

Our deconstruction of Osama bin Laden has provided us with a real-life example of the intricate – and sometimes contradictory – social dynamics of globalization. We are now in a better position to tackle the rather demanding task of assembling a working definition of globalization that brings some analytical precision to a contested concept that has proven to be notoriously hard to pin down.

Toward a definition of globalization

Since its earliest appearance in the 1960s, the term 'globalization' has been used in both popular and academic literature to describe a process, a condition, a system, a force, and an age. Given that these competing labels have very different meanings, their indiscriminate usage is often obscure and invites confusion. For example, a sloppy conflation of process and condition encourages circular definitions that possess little explanatory power. For example, the often-repeated truism that 'globalization [the process] leads to more globalization [the condition]' does not allow us to draw meaningful analytical distinctions between causes and effects. Hence, I suggest that we use the term *globality* to signify a *social condition* characterized by the existence of global economic, political, cultural, and environmental interconnections and flows that make many of the currently existing borders and boundaries irrelevant. Yet, we should not assume that 'globality' refers to a determinate endpoint that precludes any further development. Rather, this concept points to a particular social condition that, like all conditions, is destined to give way to new, qualitatively distinct constellations. For example, it is conceivable that globality might be transformed into something we could call 'planetarity' – a new social formation brought about by the successful colonization of our solar system. Moreover, we could easily imagine different social manifestations of globality: one might be based primarily on values of individualism and competition, as well as on an economic system of private property, while another might embody more communal and cooperative social arrangements, including less capitalistic economic relations. These possible alternatives point to the fundamentally *indeterminate character* of globality; it is likely that our great-grandchildren will have a better sense of which alternative is likely to win out.

Conversely, the term *globalization* should be used to refer to a *set of social processes* that are thought to transform our present social condition into one of globality. At its core, then, globalization is about shifting forms of human contact. Indeed, the popular phrase 'globalization is happening' contains three important pieces of information: first, we are slowly leaving behind the condition of modernity that gradually unfolded from the 16th century onwards; second, we are moving toward the new condition of (postmodern) globality; and, third, we have not yet reached it. Indeed, like 'modernization' and other verbal nouns that end in the suffix '-ization', the term 'globalization' suggests a sort of dynamism best captured by the notion of 'development' or 'unfolding' along discernible patterns. Such unfolding may occur quickly or slowly, but it always corresponds to the idea of change, and, therefore, denotes the transformation of present conditions.

Hence, scholars who explore the dynamics of globalization are particularly keen on pursuing research questions related to the theme of social change. How does globalization occur? What is driving globalization? Is it one cause or a combination of factors? Is globalization a uniform or an uneven process? Is globalization extending modernity or is it a radical break? How does globalization differ from previous social developments? Does globalization create new forms of inequality and hierarchy? Notice that the conceptualization of globalization as an ongoing process rather than as a static condition forces the researcher to pay close attention to shifting perceptions of time and space. This explains why globalization scholars assign particular significance to historical analysis and the reconfiguration of social space.

To argue that globalization refers to a set of social processes propelling us towards the condition of globality may eliminate the danger of circular definitions, but it gives us only one defining characteristic of the process: movement towards greater interdependence and integration. Such a general definition of globalization tells us very little about its remaining qualities. In order to overcome this deficiency, we must identify additional qualities that make globalization different from other sets of social processes. Yet, whenever researchers raise the level of specificity in order to bring the phenomenon in question into sharper focus, they also heighten the danger of provoking scholarly disagreements over definitions. Our subject is no exception. One of the reasons why globalization remains a contested concept is because there exists no scholarly consensus on what kinds of social processes constitute its essence.

Despite such strong differences of opinion, however, it is possible to detect some thematic overlap in various scholarly attempts to identify the essential qualities of globalization processes. Consider, for example, the following five influential definitions of globalization. They suggest that four distinct qualities or characteristics lie at the core of the phenomenon. First, globalization involves the *creation* of new and the *multiplication* of existing social networks and activities that increasingly overcome traditional political, economic, cultural, and geographical boundaries. As we have seen in the case of Al-Jazeera television, the creation of today's satellite news corporations is made possible by the combination of professional networking, technological innovation, and political decisions that permit the emergence of new social orders that transcend parochial arrangements.

Globalization can thus be defined as the intensification of worldwide social relations which link distant localities in such a way that local happenings are shaped by events occurring many miles away and vice versa.

Anthony Giddens, Director of the London School of Economics

The concept of globalization reflects the sense of an immense enlargement of world communication, as well as of the horizon of a world market, both of which seem far more tangible and immediate than in earlier stages of modernity.

Fredric Jameson, Professor of Literature at Duke University

Globalization may be thought of as a process (or set of processes) which embodies a transformation in the spatial organization of social relations and transactions – assessed in terms of their extensity, intensity, velocity and impact – generating transcontinental or interregional flows and networks of activity, interaction, and the exercise of power.

David Held, Professor of Political Science at the London School of Economics

Globalization as a concept refers both to the compression of the world and the intensification of consciousness of the world as a whole.

Roland Robertson, Professor of Sociology at the University of Pittsburgh

Globalization compresses the time and space aspects of social relations.

James Mittelman, Professor of International Relations at American University

The second quality of globalization is reflected in the *expansion* and the *stretching* of social relations, activities, and interdependencies. Today's financial markets stretch around the globe, and electronic trading occurs around the clock. Gigantic shopping malls have emerged on all continents, offering those consumers who can afford it commodities from all regions of the world – including products whose various components were manufactured in different countries. To return to our initial example, we now know that the spatial reach of Osama bin Laden's organization rapidly expanded during the late 1990s. Aided by new technology and economic deregulation, terrorist cells sprang up in dozens of nations on all five continents, ultimately turning Al Qaeda into a global terrorist network capable of planning and executing attacks on a heretofore unimaginable scale. The same process of social stretching applies to less sinister associations such as non-governmental organizations, commercial enterprises, social clubs, and countless regional and global institutions and associations such as the United Nations, the European Union, the Association of South East Asian Nations, the Organization of African Unity, the Common Market of the South, Doctors Without Borders, Amnesty International, the Union of Concerned Scientists, the World Economic Forum, Microsoft, and General Motors, to name but a few.

Third, globalization involves the *intensification* and *acceleration* of social exchanges and activities. The Internet relays distant information in mere seconds, and satellites provide consumers with real-time pictures of remote events. As Anthony Giddens notes in his definition, the intensification of worldwide social relations means that local happenings are shaped by events occurring far away, and vice versa. In other words, the seemingly opposing processes of globalization and localization actually imply each other. The 'local' and the 'global' form the endpoints of a spatial continuum whose central portion is marked by the 'national' and the 'regional'.

To elaborate on this point, let us return to the example of Osama bin Laden. It is reasonable to assume that his terrorist strategy is being shaped continuously by technological breakthroughs achieved in American and Indian computer labs, as well as by political and military decisions made in Washington, DC, Brussels, and other parts of the world. At the same time, the activities of US politicians, military engineers in the United Kingdom, and Israeli secret service agents are significantly impacted by Osama bin Laden's strategy. The often-repeated phrase that 'globalization compresses time and space' simply means that things are getting faster and distances are shrinking dramatically. As the Spanish sociologist Manuel Castells has pointed out, the current rise of the global 'network society' would not have been possible without a technological revolution – one that has been powered chiefly by the rapid development of new information and transportation technologies. Proceeding at an ever-accelerating pace, these innovations are reshaping the social landscape of human life.

Fourth, the creation, expansion, and intensification of social interconnections and interdependencies do not occur merely on an objective, material level. As Roland Robertson notes in his definition, globalization processes also involve the subjective plane of human consciousness. Hence, we must not forget that globalization also refers to people becoming increasingly conscious of growing manifestations of social interdependence and the enormous acceleration of social interactions. Their awareness of the receding importance of geographical boundaries and distances fosters a keen sense of becoming part of a global whole. Reinforced on a daily basis, these persistent experiences of global interdependence gradually change people's individual and collective identities, and thus dramatically impact the way they act in the world.

It seems that we have now identified some of the essential qualities of globalization. This allows us to offer the following definition:

Globalization refers to a multidimensional set of social processes that create, multiply, stretch, and intensify worldwide social interdependencies and exchanges while at the same time fostering in people a growing awareness of deepening connections between the local and the distant.

More areas of contestation

Although we arrived at an adequate working definition of globalization by drawing out some common insights that appear in other influential definitions, we must not lose sight of the fact that there still remain several areas of contestation. After all, globalization is an uneven process, meaning that people living in various parts of the world are affected very differently by this gigantic transformation of social structures and cultural zones. Hence, the social processes that make up globalization have been analysed and explained by various commentators in different, often contradictory ways. Scholars not only hold different views with regard to proper definitions of globalization, they also disagree on its scale, causation, chronology, impact, trajectories, and policy outcomes. For example, the academic dispute over the scale of globalization revolves around the question of whether it should be understood in singular or differentiated terms. This notion of 'multidimensionality' appears as an important attribute of globalization in our own definition; still it requires further elaboration. The ancient Buddhist parable of the blind scholars and their encounter with the elephant helps to illustrate the nature of the academic controversy over the various dimensions of globalization.

Since the blind scholars did not know what the elephant looked like, they resolved to obtain a mental picture, and thus the knowledge they desired, by touching the animal. Feeling its trunk, one blind man argued that the elephant was like a lively snake. Another man, rubbing along its enormous leg, likened the animal to a rough column of massive proportions. The third person took hold of its tail and insisted that the elephant resembled a large, flexible brush. The fourth man felt its sharp tusks and declared it to be like a great spear. Each of the blind scholars held firmly to his own idea of what constituted an elephant. Since their scholarly reputation was riding on the veracity of their respective findings, the blind men eventually ended up arguing over the true nature of the elephant.

The ongoing academic quarrel over which dimension contains the essence of globalization represents a postmodern version of the parable of the blind men and the elephant. Even those scholars who agree that globalization is best thought of as a singular process clash with each other over which aspect of social life constitutes the primary domain of the phenomenon. Some scholars argue that economic processes lie at the core of globalization. Others privilege political, cultural, or ideological aspects. Still others point to environmental processes as the essence of globalization. Like the blind men in the parable, each globalization researcher is partly right by correctly identifying *one* important dimension of the phenomenon in question. However, their collective mistake lies in their dogmatic attempts to reduce such a complex phenomenon as globalization to a single domain that corresponds to their own expertise.

To be sure, one of the central tasks for globalization researchers consists of devising better ways for gauging the relative importance of each dimension without losing sight of the interconnected whole. But it would be a grave mistake to cling to a one-sided understanding of globalization. Fortunately, more and more researchers have begun to heed this call for a genuine multidimensional approach to globalization that avoids pernicious reductionism. Since globalization contains multifaceted and differentiated processes, it is safe to say that virtually no areas of social life escape its reach. Or is it?

1. **The globalization scholars and the elephant.**

Before we come to this important conclusion, let us consider several objections raised by those scholars who belong to the camp of the 'globalization sceptics'. These objections range from the accusation that fashionable 'globalization talk' amounts to little more than 'globaloney' to less radical suggestions that globalization is a much more limited and uneven process than the sweeping arguments of the so-called 'hyperglobalizers' would have us believe. In many ways, the most radical globalization sceptics resemble the blind scholar who, occupying the empty space between the elephant's front and hind legs, groped in vain for a part of the elephant. Finding none, he accused his colleagues of making up fantastic stories about non-existent things, asserting that there were no such animals as 'elephants' at all.

However, evidence pointing to the rapid intensification of worldwide social relations is mounting. Hence, I will not attempt to refute those few globalization sceptics who go so far as to deny its existence altogether. On the other hand, I am rather sympathetic to the notion that globalization may be a geographically limited and uneven process. As I will argue myself in subsequent chapters, large segments of the world population – particularly in the global

South – do not enjoy equal access to thickening global networks and infrastructures. In that sense, then, globalization is associated with inequality. Nevertheless, even if it can be shown that the intensification of social interconnections and interdependencies appears to be concentrated in the economically advanced countries of the global North, it would still be entirely justified to engage in extensive 'globalization talk'. After all, the existence of patterns of rising interdependence in the global North does reflect a partial globalization trend, one that is likely to have significant impacts on other regions of the world.

In my view, the most challenging question that has emerged from the camp of globalization sceptics is the following: is globalization primarily a phenomenon of the modern age? Critics would respond to this question in the negative, adding that the concept of globalization has been applied in an historically imprecise manner. In a nutshell, this thoughtful group of sceptics contends that even a cursory look at history suggests that there is not much that is 'new' about contemporary globalization. Hence, before we explore in some detail the five main dimensions of globalization in subsequent chapters of this book, I suggest we give this weighty argument a fair hearing. Indeed, such a critical investigation of globalization's alleged novelty is closely related to yet another difficult question hotly debated in the fledgling field of globalization studies. What does a proper chronology and periodization of globalization look like? Let us turn to Chapter 2 to find answers to this question.

Chapter 2
Is globalization a new phenomenon?

If we asked an ordinary person on the streets of London, New York, Bangkok, or Rio de Janeiro about the essence of globalization, the answer would probably involve some reference to growing forms of political and economic interdependence fuelled by 'new technologies' like personal computers, the Internet, cellular phones, pagers, fax machines, palm pilots, digital cameras, high-definition televisions, satellites, jet planes, space shuttles, and supertankers. As subsequent chapters will show, however, technology provides only a partial explanation for the existence of contemporary forms of globalization. Yet, it would be foolish to deny that these new innovations have played a crucial role in the creation, multiplication, expansion, and intensification of global social interconnections and exchanges. The Internet, in particular, has assumed a pivotal function in facilitating globalization through the creation of the World Wide Web that connects billions of individuals, private associations, and governments. Since most of these technologies have been around for less than three decades, it seems to make sense to agree with those commentators who claim that globalization is, indeed, a new phenomenon.

At the same time, however, the definition of globalization we arrived at in the previous chapter stresses the dynamic nature of the phenomenon. The enhancement of worldwide interdependence and the general growth of awareness of deepening global connections are gradual processes with deep historical roots. For example, the engineers who developed laptop computers and supersonic jet planes stand on the shoulders of earlier innovators who created the steam engine, the cotton gin, the telegraph, the phonograph, the telephone, the typewriter, the internal-combustion engine, and electrical appliances. These products, in turn, owe their existence to much earlier technological inventions such as the telescope, the compass, water wheels, windmills, gunpowder, the printing press, and oceangoing ships. In order to acknowledge the full historical record, we reach back even further to such momentous technological and social achievements as the production of paper, the development of writing, the invention of the wheel, the domestication of wild plants and animals, the emergence of language, and, finally, the slow outward migration of our African ancestors at the dawn of human evolution.

Thus, the answer to the question of whether globalization constitutes a new phenomenon depends upon how far we are willing to extend the chain of causation that resulted in those recent technologies and social arrangements that most people have come to associate with this fashionable buzzword. Some scholars consciously limit the historical scope of globalization to the last four decades of postindustrialism in order to capture its contemporary features. Others are willing to extend this timeframe to include the ground-breaking developments of the 19th century. Still others argue that globalization really represents the continuation and extension of complex processes that began with the emergence of modernity and the capitalist world system some five centuries ago. And a few remaining researchers refuse to confine globalization to time periods measured in mere decades or centuries. Rather, they suggest that these processes have been unfolding for millennia.

No doubt, each of these contending perspectives contains

important insights. As we will see in subsequent chapters, the advocates of the first approach have marshalled impressive evidence for their view that the dramatic expansion and acceleration of global exchanges since the early 1970s represents a quantum leap in the history of globalization. The proponents of the second view correctly emphasize the tight connection between contemporary forms of globalization and the explosion of technology known as the Industrial Revolution. The representatives of the third perspective rightly point to the significance of the time-space compression that occurred in the 16th century. Finally, the advocates of the fourth approach advance a rather sensible argument when they insist that any truly comprehensive account of globalization falls woefully short without the incorporation of ancient developments and enduring dynamics into our planetary history.

While the short chronology outlined below is necessarily fragmentary and general, it nonetheless gives us a good sense that globalization is as old as humanity itself. This brief historical sketch identifies five distinct historical periods that are separated from each other by significant accelerations in the pace of social exchanges as well as a widening of their geographical scope. In this context, it is important to bear in mind that my chronology does not necessarily imply a linear unfolding of history, nor does it advocate a conventional Eurocentric perspective of world history. Full of unanticipated surprises, violent twists, sudden punctuations, and dramatic reversals, the history of globalization has involved all major regions and cultures of our planet.

Thus, it behoves us to refrain from imposing deterministic ideas of 'inevitability' and 'irreversibility' on globalization. However, it is important to note the occurrence of dramatic technological and social leaps in history that have pushed the intensity and global reach of these processes to new levels. Approaching our short chronology of globalization with these caveats in mind, we will be able to appreciate both the novelty of each period and the continuity of the phenomenon itself.

The prehistoric period (10,000 BCE–3,500 BCE)

Let us begin our brief historical sketch of globalization about 12,000 years ago when small bands of hunters and gatherers reached the southern tip of South America. This event marked the end of the long process of settling all five continents that was begun by our hominid African ancestors more than one million years ago. Although some major island groups in the Pacific and the Atlantic were not inhabited until relatively recent times, the truly global dispersion of our species was finally achieved. The successful endeavour of the South American nomads rested on the migratory achievements of their Siberian ancestors who had crossed the Bering Strait into North America a thousand years earlier.

In this earliest phase of globalization, contact among thousands of hunter and gatherer bands spread all over the world was geographically limited and mostly coincidental. This fleeting mode of social interaction changed dramatically about 10,000 years ago when humans took the crucial step of producing their own food. As a result of several factors, including the natural occurrence of plants and animals suitable for domestication as well as continental differences in area and total population size, only certain regions located on or near the vast Eurasian landmass proved to be ideal for these growing agricultural settlements. These areas were located in the Fertile Crescent, north-central China, North Africa, northwestern India, and New Guinea. Over time, food surpluses achieved by these early farmers and herders led to population increases, the establishment of permanent villages, and the construction of fortified towns.

Roving bands of nomads lost out to settled tribes, chiefdoms, and, ultimately, powerful states based on agricultural food production. The decentralized, egalitarian nature of hunter and gatherer groups was replaced by centralized and highly stratified patriarchal social structures headed by chiefs and priests who were exempted from hard manual labour. Moreover, for the first time in human history, these farming societies were able to support two additional social classes whose members did not participate in food production. One group consisted of full-time craft specialists who directed their creative energies toward the invention of new technologies, such as powerful iron tools and beautiful ornaments made of precious metals, complex irrigation canals, sophisticated pottery and basketry, and monumental building structures. The other group was comprised of professional bureaucrats and soldiers who would later play a key role in the monopolization of the means of violence in the hands of the rulers, the precise accounting of food surpluses necessary for the growth and survival of the centralized state, the acquisition of new territory, the establishment of permanent trade routes, and the systematic exploration of distant regions.

For the most part, however, globalization in the prehistoric period was severely limited. Advanced forms of technology capable of overcoming existing geographical and social obstacles were largely absent; thus, enduring long-distance interactions never materialized. It was only towards the end of this epoch that centrally administered forms of agriculture, religion, bureaucracy, and warfare slowly emerged as the key agents of intensifying modes of social exchange that would involve a growing number of societies in many regions of the world.

The premodern period (3,500 BCE–1,500 CE)

The invention of writing in Mesopotamia, Egypt, and central China between 3,500 and 2,000 BCE roughly coincided with the invention of the wheel around 3,000 BCE in Southwest Asia. Marking the close of the prehistoric period, these monumental inventions amounted to one of those technological and social boosts that moved globalization to a new level. Thanks to the auspicious east-west orientation of Eurasia's major continental axis – a geographical feature that had already facilitated the rapid spread of crops and animals suitable for food production along the same latitudes – the diffusion of these new technologies to distant parts of the continent occurred within only a few centuries. The importance of these inventions for the strengthening of globalization processes should be obvious. Among other things, the wheel spurred crucial infrastructural innovations such as animal-drawn carts and permanent roads that allowed for the faster and more efficient transportation of people and goods. In addition to the spread of ideas and inventions, writing greatly facilitated the coordination of complex social activities and thus encouraged large state formations. Of the sizeable territorial units that arose during this period, only the Andes civilizations of South America managed to grow into the mighty Inca Empire without the benefits of either the wheel or the written word.

2. Assyrian clay tablet with cuneiform writing, *c.* 1900–1800 BCE.

Thus the premodern period was the age of empires. As some states succeeded in establishing permanent rule over other states, the resulting vast territorial accumulations formed the basis of the Egyptian Kingdoms, the Persian Empire, the Macedonian Empire, the American Empires of the Aztecs and the Incas, the Roman Empire, the Indian Empires, the Byzantine Empire, the Islamic Caliphates, the Holy Roman Empire, the African Empires of Ghana, Mali, and Songhay, and the Ottoman Empire. All of these empires fostered the multiplication and extension of long-distance communication and the exchange of culture, technology, commodities, and diseases. The most enduring and technologically advanced of these vast premodern conglomerates was undoubtedly the Chinese Empire. A closer look at its history reveals some of the early dynamics of globalization.

After centuries of warfare between several independent states, the Qin Emperor's armies, in 221 BCE, finally unified large portions of northeast China. For the next 1,700 years, successive dynasties known as the Han, Sui, T'ang, Yuan, and Ming ruled an empire supported by vast bureaucracies that would extend its influence to such distant regions as tropical Southeast Asia, the Mediterranean, India, and East Africa. Dazzling artistry and brilliant philosophical achievements stimulated new discoveries in other fields of knowledge such as astronomy, mathematics, and chemistry. The long list of major technological innovations achieved in China during the premodern period include redesigned plowshares, hydraulic engineering, gunpowder, the tapping of natural gas, the compass, mechanical clocks, paper, printing, lavishly embroidered silk fabrics, and sophisticated metalworking techniques. The construction of vast irrigation systems consisting of hundreds of small canals enhanced the region's agricultural productivity while at the same time providing for one of the best river transport systems in the world. The codification of law and the fixing of weights, measures, and values of coinage fostered the expansion of trade and markets. The standardization of the size of cart axles and the roads they travelled on allowed Chinese merchants for the first time to make precise calculations as to the desired quantities of imported and exported goods.

The most extensive of these trade routes was the Silk Road. It linked the Chinese and the Roman Empires, with Parthian traders serving as skilled intermediaries. Even 1,300 years after the Silk Road first reached the Italian peninsula, in 50 BCE, a truly multicultural group of Eurasian and African globetrotters – including the famous Moroccan merchant Ibn Battuta and his Venetian counterparts in the Marco Polo family – relied on this great Eurasian land route to reach the splendid imperial court of the Mongol Khans in Beijing.

By the 15th century CE, enormous Chinese fleets consisting of hundreds of 400-foot-long ocean-going ships were crossing the Indian Ocean and establishing short-lived trade outposts on the east coast of Africa. However, a few decades later, the rulers of the

3. The Great Wall of China, begun in 214 BCE and rebuilt repeatedly. The only human artefact discernible from space.

Chinese Empire implemented a series of fateful political decisions that halted overseas navigation and mandated a retreat from further technological development. Thus, they cut short their empire's incipient industrial revolution, a development that allowed much smaller European states to emerge as the primary historical agents behind the intensification of globalization.

Towards the end of the premodern period, then, the existing global trade network consisted of several interlocking trade circuits that connected the most populous regions of Eurasia and northeastern Africa. Although both the Australian and the American continents still remained separate from this expanding web of economic, political, and cultural interdependence, the empires of the Aztecs and Incas had also succeeded in developing major trade networks in their own hemisphere.

The existence of these sprawling networks of economic and cultural exchange triggered massive waves of migration, which, in turn, led to further population increase and the rapid growth of urban centres. In the resulting cultural clashes, religions with only local significance were transformed into the major 'world religions' we know today as Judaism, Christianity, Islam, Hinduism, and Buddhism. But higher population density and more intense social interaction over greater distances also facilitated the spread of new infectious diseases like the bubonic plague. The enormous plague epidemic of the mid-14th century, for example, killed up to one-third of the respective populations of China, the Middle East, and Europe. However, these unwelcome by-products of unfolding globalization processes did not reach their most horrific manifestation until the fateful 16th-century collision of the 'old' and 'new' worlds, when the nasty germs of European invaders killed an estimated 18 million Native Americans.

The early modern period (1500–1750)

The term 'modernity' has become associated with the 18th-century European Enlightenment project of developing objective science, achieving a universal form of morality and law, and liberating rational modes of thought and social organization from the perceived irrationalities of myth, religion, and political tyranny. The label 'early modern', then, refers to the period between the Enlightenment and the Renaissance. During these two centuries, Europe and its social practices served as the primary catalyst for globalization. Having contributed little to technology and other civilizational achievements before about 1,000 CE, Europeans northwest of the Alps greatly benefited from the diffusion of technological innovations originating in Islamic and Chinese cultural spheres. Despite the weakened political influence of China and the noticeable ecological decline of the Fertile Crescent some 500 years later, European powers failed to penetrate into the interior of Africa and Asia. Instead, they turned their expansionistic desires westward, searching for a new, profitable sea route to India. Their efforts were aided by such innovations as mechanized printing, sophisticated wind and water mills, extensive postal systems, revised maritime technologies, and advanced navigation techniques. Add the enormous impact of the Reformation and the related liberal political idea of limited government, and we have identified the main forces behind the qualitative leap that greatly intensified demographic, cultural, ecological, and economic flows between Europe, Africa, and the Americas.

Of course, the rise of European metropolitan centres and their affiliated merchant classes represented another important factor responsible for strengthening globalization tendencies during the early modern period. Embodying the new values of individualism and unlimited material accumulation, European economic entrepreneurs laid the foundation of what later scholars would call the 'capitalist world system'. However, these fledgling capitalists could not have achieved the global expansion of their commercial enterprises without substantial support from their respective governments. The monarchs of Spain, Portugal, the Netherlands, France, and England all put significant resources into the exploration of new worlds and the construction of new interregional markets that benefited them much more than their exotic 'trading partners'. By the early 1600s, national joint stock companies like the Dutch and British East India companies were founded for the express purpose of setting up profitable overseas trade posts. As these innovative corporations grew in size and stature, they acquired the power to regulate most intercontinental economic transactions, in the process implementing social institutions and cultural practices that enabled later colonial governments to place these foreign regions under direct political rule. Related developments, such as the Atlantic slave trade and forced population transfers within the Americas, resulted in the suffering and death of millions of non-Europeans while greatly benefiting white immigrants and their home countries.

To be sure, religious warfare within Europe also created its share of dislocation and displacement for Caucasian populations. Moreover, as a result of these protracted armed conflicts, military alliances and political arrangements underwent continuous modification. Ultimately evolving from the Westphalian states system, the sovereign, territorial nation-state had emerged by 1648 as the modern container of social life. As the early modern period drew to a close, interdependencies among nation-states were multiplying as well as increasing in density.

The modern period (1750–1970)

By the late 18th century, Australia and the Pacific islands were slowly incorporated into the European-dominated network of political, economic, and cultural exchange. Increasingly

4. The sale of the island of Manhattan in 1626.

confronted with stories of the 'distant' and images of countless 'others', Europeans and their descendants on other continents took it upon themselves to assume the role of the world's guardians of universal law and morality. In spite of their persistent claims to civilizational leadership, however, they remained strangely oblivious to their racist practices and the appalling conditions of inequality that existed both within their own societies and between the West and the 'rest'. Fed by a steady stream of materials and resources that originated mostly in other regions of the world, Western capitalist enterprises gained in stature. Daring to resist powerful governmental controls, economic entrepreneurs and their academic counterparts began to spread a philosophy of individualism and rational self-interest that glorified the virtues of an idealized capitalist system supposedly based upon the providential workings of the free market and its 'invisible hand'.

Written in 1847 by the German political radicals Karl Marx and Friedrich Engels, the following passage from their famous *Communist Manifesto* captures the qualitative shift in social relations that pushed globalization to a new level in the modern period.

Indeed, the volume of world trade increased dramatically between 1850 and 1914. Guided by the activities of multinational banks,

The discovery of America prepared the way for mighty industry and its creation of a truly global market. The latter greatly expanded trade, navigation, and communication by land. These developments, in turn, caused the further expansion of industry. The growth of industry, trade, navigation, and railroads also went hand in hand with the rise of the

bourgeoisie and capital which pushed to the background the old social classes of the Middle Ages . . . Chased around the globe by its burning desire for ever-expanding markets for its products, the bourgeoisie has no choice but settle everywhere; cultivate everywhere; establish connections everywhere . . . Rapidly improving the instruments of production, the bourgeoisie utilizes the incessantly easing modes of communication to pull all nations into civilization – even the most barbarian ones . . . In a nutshell, it creates the world in its own image.

Translated by the author

capital and goods flowed across the borders relatively freely as the sterling-based gold standard made possible the worldwide circulation of leading national currencies like the British pound and the Dutch gilder. Eager to acquire their own independent resource bases, most European nation-states subjected large portions of the global South to direct colonial rule. On the eve of World War I, merchandise trade measured as a percentage of gross national output totalled almost 12% for the industrialized countries, a level unmatched until the 1970s. Global pricing systems facilitated trade in important commodities like grains, cotton, and various metals. Brand name packaged goods like Coca-Cola drinks, Campbell soups, Singer sewing machines, and Remington typewriters made their first appearance. In order to raise the global visibility of these corporations, international advertising agencies launched the first full-blown transborder commercial promotion campaigns.

As Marx and Engels noted, however, the rise of the European bourgeoisie and the related intensification of global interconnections would not have been possible without the 19th-century explosion of science and technology. To be sure, the maintenance of these new industrial regimes required new power sources such as electricity and petroleum. The largely unregulated use of these energy sources resulted in the annihilation of countless animal and plant species as well as the toxification of entire regions. On the up side, however, railways, mechanized shipping, and 20th-century intercontinental air transport managed to overcome the last remaining geographical obstacles to the establishment of a genuine global infrastructure, while at the same time lowering transportation costs.

These innovations in transportation were complemented by the swift development of communication technologies. The telegraph and its transatlantic reach after 1866 provided for instant information exchanges between the two hemispheres. Moreover, the telegraph set the stage for the telephone and wireless radio communication, prompting newly emerging communication corporations like AT&T to coin advertising slogans in celebration of a world 'inextricably bound together'. Finally, the 20th-century arrival of mass circulation newspapers and magazines, film, and television further enhanced a growing consciousness of a rapidly shrinking world.

The modern period also witnessed an unprecedented population explosion. Having increased only modestly from about 300 million at the time of the birth of Christ to 760 million in 1750, the world's population reached 3.7 billion in 1970. Enormous waves of migration intensified existing cultural exchanges and transformed traditional social patterns. Popular immigration countries like the United States of America, Canada, and Australia took advantage of this boost in productivity. By the early 20th century, these countries entered the world stage as forces to be reckoned with. At the same time, however, they made significant efforts to control these large migratory flows, in the process inventing novel forms of bureaucratic control and developing new surveillance techniques designed to accumulate more information about nationals while keeping 'undesirables' out.

5. Eastern European immigrants arriving in New York City in the late 1800s.

When the accelerating process of industrialization sharpened existing disparities in wealth and well-being beyond bearable limits, many working people in the global North began to organize themselves politically in various labour movements and socialist parties. However, their idealistic calls for international class solidarity went largely unheeded. Instead, nationalist ideologies captured the imagination of millions of people around the world. There is no question that interstate rivalries intensified at the outset of the 20th century as a result of mass migration, urbanization, colonial competition, and the excessive liberalization of world trade. The ensuing period of extreme nationalism culminated in two devastating world wars, a long global economic depression, and hostile measures to protect narrowly conceived political communities.

The defeat of the axis powers in 1945 and the process of decolonization slowly revived global flows and international exchanges. A new political order of nation-states anchored in the charter of the United Nations raised the prospect of global democratic governance. During the 1950s, however, such cosmopolitan hopes quickly faded as the Cold War divided the world for four long decades into two antagonistic spheres: a liberal-capitalist camp dominated by the United States, and a socialist realm controlled by the Soviet Union. For the first time in human history, the spectre of a global conflict capable of destroying virtually all life on our planet had been raised.

The contemporary period (from 1970)

As we noted at the beginning of this chapter, the dramatic creation, expansion, and acceleration of worldwide interdependencies and global exchanges that have occurred since the early 1970s represent yet another quantum leap in the history of globalization. But what exactly is happening? Why does what is happening justify the creation of a buzzword that has not only captured the public imagination, but has also elicited such powerful conflicting emotional responses? Is contemporary globalization a 'good' or a 'bad' thing? Throughout this book we will consider possible answers to these crucial questions. In doing so, we will limit the application of the term 'globalization' to the contemporary period while keeping in mind that the dynamic driving these processes actually started thousands of years ago.

Before we embark on this next stage of our journey, let us pause and recall an important point we made in Chapter 1. Globalization is not a single process but a set of processes that operate simultaneously and unevenly on several levels and in various dimensions. We could compare these interactions and interdependencies to an intricate tapestry of overlapping shapes and colours. Yet, just as an auto mechanic apprentice must turn off and disassemble the car engine in order to understand its operation, so must the student of globalization apply analytical distinctions in order to make sense of the web of global interdependencies. In ensuing chapters we will identify, explore, and assess patterns of globalization in each domain while keeping in mind its operation as an interacting whole. Although we will study the various dimensions of globalization in isolation, we will resist the temptation to reduce globalization to a single aspect. Thus will we avoid the blunder that kept the blind men from appreciating the multidimensional nature of the elephant.

Chapter 3
The economic dimension of globalization

At the beginning of the previous chapter we noted that new forms of technology are one of the hallmarks of contemporary globalization. Indeed, technological progress of the magnitude seen in the last three decades is a good indicator for the occurrence of profound social transformations. Changes in the way in which people undertake economic production and organize the exchange of commodities represent one obvious aspect of the great transformation of our age. Economic globalization refers to the intensification and stretching of economic interrelations across the globe. Gigantic flows of capital and technology have stimulated trade in goods and services. Markets have extended their reach around the world, in the process creating new linkages among national economies. Huge transnational corporations, powerful international economic institutions, and large regional trading systems have emerged as the major building blocs of the 21st century's global economic order.

The emergence of the global economic order

Contemporary economic globalization can be traced back to the gradual emergence of a new international economic order assembled at an economic conference held towards the end of World War II in the sleepy New England town of Bretton Woods. Under the leadership of the United States of America and Great

Britain, the major economic powers of the global North reversed their protectionist policies of the interwar period (1918–39). In addition to arriving at a firm commitment to expand international trade, the participants of the conference also agreed to establish binding rules on international economic activities. Moreover, they resolved to create a more stable money exchange system in which the value of each country's currency was pegged to a fixed gold value of the US dollar. Within these prescribed limits, individual nations were free to control the permeability of their borders. This allowed states to set their own political and economic agendas.

Bretton Woods also set the institutional foundations for the establishment of three new international economic organizations. The International Monetary Fund was created to administer the international monetary system. The International Bank for Reconstruction and Development, later known as the World Bank, was initially designed to provide loans for Europe's postwar reconstruction. During the 1950s, however, its purpose was expanded to fund various industrial projects in developing countries around the world. Finally, the General Agreement on Tariffs and Trade was established in 1947 as a global trade organization charged with fashioning and enforcing multilateral trade agreements. In 1995, the World Trade Organization was founded as the successor organization to GATT. As we will see in Chapter 8, the WTO became, in the 1990s, the focal point of intense public controversy over the design and the effects of economic globalization.

In operation for almost three decades, the Bretton Woods regime contributed greatly to the establishment of what some observers have called the 'golden age of controlled capitalism'. Existing mechanisms of state control over international capital movements made possible full employment and the expansion of the welfare state. Rising wages and increased social services secured in the

6. The Bretton Woods Conference of 1944.

wealthy countries of the global North a temporary class compromise. By the early 1970s, however, the Bretton Woods system collapsed. Its demise strengthened those integrationist economic tendencies that later commentators would identify as the birth pangs of the new global economic order. What happened?

In response to profound political changes in the world that were undermining the economic competitiveness of US-based industries, President Richard Nixon abandoned the gold-based fixed rate system in 1971. The ensuing decade was characterized by global economic instability in the form of high inflation, low economic growth, high unemployment, public sector deficits, and two unprecedented energy crises due to OPEC's ability to control a large part of the world's oil supply. Political forces in the global North most closely identified with the model of controlled capitalism suffered a series of spectacular election defeats at the hands of conservative political parties who advocated a 'neoliberal' approach to economic and social policy.

Neoliberalism

Neoliberalism is rooted in the classical liberal ideals of Adam Smith (1723–90) and David Ricardo (1772–1823), both of whom viewed the market as a self-regulating mechanism tending toward equilibrium of supply and demand, thus securing the most efficient allocation of resources. These British philosophers considered that any constraint on free competition would interfere with the natural efficiency of market mechanisms, inevitably leading to social stagnation, political corruption, and the creation of unresponsive state bureaucracies. They also advocated the elimination of tariffs on imports and other barriers to trade and capital flows between nations. British sociologist Herbert Spencer (1820–1903) added to this doctrine a twist of social Darwinism by arguing that free market economies constitute the most civilized form of human competition in which the 'fittest' would naturally rise to the top.

Yet, in the decades following World War II, even the most conservative political parties in Europe and the United States rejected those *laissez-faire* ideas and instead embraced a rather extensive version of state interventionism propagated by British economist John Maynard Keynes, the architect of the Bretton Woods system. By the 1980s, however, British Prime Minister Margaret Thatcher and US President Ronald Reagan led the neoliberal revolution against Keynesianism, consciously linking the notion of globalization to the 'liberation' of economies around the world.

This new neoliberal economic order received further legitimation with the 1989–91 collapse of the Soviet Union and Eastern Europe. Since then, the three most significant developments related to

Concrete neoliberal measures include:

1. **Privatization of public enterprises**
2. **Deregulation of the economy**
3. **Liberalization of trade and industry**
4. **Massive tax cuts**
5. **'Monetarist' measures to keep inflation in check, even at the risk of increasing unemployment**
6. **Strict control on organized labour**
7. **The reduction of public expenditures, particularly social spending**
8. **The down-sizing of government**
9. **The expansion of international markets**
10. **The removal of controls on global financial flows**

economic globalization have been the internationalization of trade and finance, the increasing power of transnational corporations, and the enhanced role of international economic institutions like the IMF, the World Bank, and the WTO. Let us briefly examine these important features.

The internationalization of trade and finance

Many people associate economic globalization with the controversial issue of free trade. After all, the total value of world trade exploded from $57 billion in 1947 to an astonishing $6 trillion in the late 1990s. In the last few years, the public debate over the alleged benefits and drawbacks of free trade reached a feverish pitch as wealthy Northern countries have increased their efforts to establish a single global market through regional and international trade-liberalization agreements such NAFTA and GATT. Free trade proponents assure the public that the elimination or reduction of existing trade barriers among nations will enhance consumer choice, increase global wealth, secure peaceful international relations, and spread new technologies around the world.

To be sure, there is evidence that some national economies have increased their productivity as a result of free trade. Moreover, there are some benefits that accrue to societies through specialization, competition, and the spread of technology. But it is less clear whether the profits resulting from free trade have been distributed fairly within and among countries. Most studies show that the gap between rich and poor countries is widening at a fast pace. Hence, free trade proponents have encountered severe criticism from labour unions and environmental groups who claim that the elimination of social control mechanisms has resulted in a lowering of global labour standards, severe forms of ecological degradation, and the growing indebtedness of the global South to the North. We will return to the issue of global inequality in Chapter 7.

The internationalization of trade has gone hand in hand with the liberalization of financial transactions. Its key components include the deregulation of interest rates, the removal of credit controls, and the privatization of government-owned banks and financial institutions. Globalization of financial trading allows for increased mobility among different segments of the financial industry, with fewer restrictions and greater investment opportunities. This new financial infrastructure emerged in the 1980s with the gradual deregulation of capital and securities markets in Europe, the Americas, East Asia, Australia, and New Zealand. A decade later, Southeast Asian countries, India, and several African nations followed suit.

During the 1990s, new satellite systems and fibre-optic cables provided the nervous system of Internet-based technologies that further accelerated the liberalization of financial transactions. As captured by the snazzy title of Microsoft CEO Bill Gates'

The global South: a fate worse than debt

Amount of money owed by the world's 47 poorest and most indebted nations	$422 billion
Amount of money spent by Western industrialized nations on weapons and soldiers every year	$422 billion
Amount of money raised by 'Live Aid' in 1985 to combat famine in Ethiopia	$200 million
Amount of money all African countries need for weekly foreign debt service (interest only)	$200 million
Amount of money the United Nations estimates is needed annually to curb the AIDS epidemic in Africa through education, prevention, and care	$15 billion
Amount of money African nations pay to service their debts each year (interest only)	$13.5 billion
Annual income per person in Zaire	$110
Amount of money each resident of Zaire would have to pay to extinguish the country's debt to foreign creditors	$236
Percent of the Zambian budget allocated for foreign debt repayment in 1997	40%
Percent of the Zambian budget allocated for basic social services, including healthcare and education	7%
Percent of debt owed by the world's most heavily indebted nations that the World Bank and IMF can afford to cancel without jeopardizing their operations	100%
Percent of debt that they have actually agreed to cancel	33%
Profits made by Exxon in 2000	16.9 billion

Total debt burden of Benin, Burundi, Chad, Guinea Bissau, Sao Tome, Togo, Rwanda, Central African Republic, Sierra Leone, Mali, Somalia, and Niger	16.9 billion

Sources: David Roodman, *Still Waiting for the Jubilee: Pragmatic Solutions to the Third World Debt Crisis*, Worldwatch paper 1555 (Washington, DC: Worldwatch Institute, April 2001): Jubilee 2000 United Kingdom website www.jubilee2000uk.org, viewed 17 May 2001; Jubilee U.S.A. Network website www.j2000usa.org/action5.htm; Drop the Debt website www.dropthedebt.org, viewed 22 May 2001; Joseph Kahn, 'U.S. offers Africa billions to fight AIDS', *New York Times*, 18 July 2000. Secondary Source: World Watch, Vol. 14, No. 4, July/August 2001, p. 39.

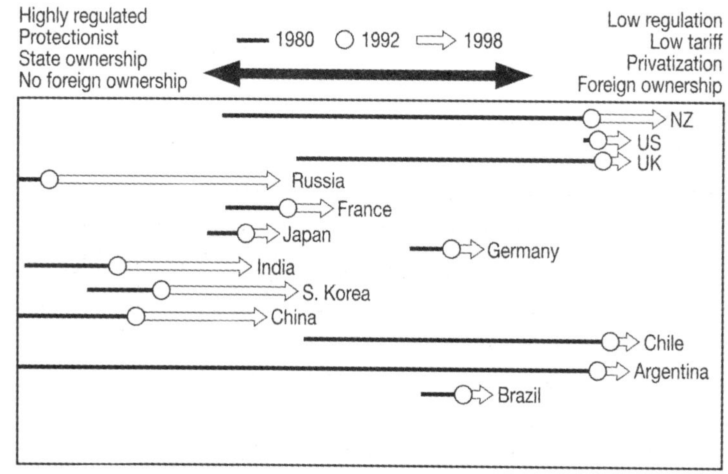

The advance of deregulation and liberalization, 1980–98.

Source: Vincent Cable, *Globalization and Global Governance* (The Royal Institute of International Affairs, 1999), p. 20.

best-selling book, many people conducted *business@the-speed-of-thought*. Millions of individual investors utilized global electronic investment networks not only to place their orders, but also to receive valuable information about relevant economic and political developments. In 2000, 'e-businesses', 'dot.com firms', and other virtual participants in the information-based 'new economy' traded about 400 billion dollars over the Web in the United States alone. In 2003, global business-to-business transactions are projected to reach 6 trillion dollars. Ventures that will connect the stock exchanges in New York, London, Frankfurt, and Tokyo are at the advanced planning stage. Such a financial 'supermarket' in cyberspace would span the entire globe, stretching its electronic tentacles into countless decentralized investment networks that relay billions of trades at breathtaking velocities.

Yet, a large part of the money involved in these global financial exchanges has little to do with supplying capital for such productive investments as putting together machines or organizing raw materials and employees to produce saleable commodities. Most of the financial growth has occurred in the form of high-risk 'hedge funds' and other purely money-dealing currency and securities markets that trade claims to draw profits from future production. In other words, investors are betting on commodities or currency rates that do not yet exist. For example, in 2000, the equivalent of over 2 trillion US dollars was exchanged daily in global currency markets alone. Dominated by highly sensitive stock markets that drive high-risk innovation, the world's financial systems are characterized by high volatility, rampant competition, and general insecurity. Global speculators often take advantage of weak financial and banking regulations to make astronomical profits in emerging markets of developing countries. However, since these international capital flows can be reversed swiftly, they are capable of creating artificial boom-and-bust cycles that endanger the social welfare of entire regions. The 1997–8 Southeast Asia Crisis represents but one of these recent economic reversals brought on by the globalization of financial transactions.

7. The New York Stock Exchange. Billions of shares change hands on an average trading day.

The Southeast Asia Crisis

In the 1990s, the governments of Thailand, Indonesia, Malaysia, South Korea, and the Philippines gradually abandoned control over the domestic movement of capital in order to attract foreign direct investment. Intent on creating a stable money environment, they raised domestic interest rates and linked their national currencies to the value of the US dollar. The ensuing irrational euphoria of international investors translated into soaring stock and real estate markets all over Southeast Asia. However, by 1997, those investors realized that prices had become inflated much beyond their actual value. They panicked and withdrew a total of $105 billion from these countries, forcing governments in the region to abandon the dollar peg. Unable to halt the ensuing free fall of their currencies, those governments used up their entire foreign exchange reserves. As a result, economic output fell, unemployment increased, and wages plummeted. Foreign banks and creditors reacted by declining new credit applications and refusing to extend existing loans. By late 1997, the entire region found itself in the throes of a financial crisis that threatened to push the global economy into recession. This disastrous result was only narrowly averted by a combination of international bail-out packages and the immediate sale of Southeast Asian commercial assets to foreign corporate investors at rock-bottom prices. Today, ordinary citizens in Southeast Asia are still suffering from the devastating social and political consequences of that economic meltdown.

The power of transnational corporations

Transnational corporations are the contemporary versions of the early modern commercial enterprises we discussed in the previous chapter. Powerful firms with subsidiaries in several countries, their numbers skyrocketed from 7,000 in 1970 to about 50,000 in 2000. Enterprises like General Motors, Walmart, Exxon-Mobil, Mitsubishi, and Siemens belong to the 200 largest TNCs, which account for over half of the world's industrial output. None of these corporations maintains headquarters outside of North America, Europe, Japan, and South Korea. This geographical concentration reflects existing asymmetrical power relations between the North and the South. Yet, clear power differentials can also be found within the global North. In 1999, 142 of the leading 200 TNCs were based in only three countries – the United States, Japan, and Germany.

Rivalling nation-states in their economic power, these corporations control much of the world's investment capital, technology, and access to international markets. In order to maintain their prominent positions in the global marketplace, TNCs frequently merge with other corporations. Some of these recent mergers include the $160-billion marriage of the world's largest Internet provider, AOL, with entertainment giant Time-Warner; the purchase of Chrysler Motors by Daimler-Benz for $43 billion; and the $115-billion merger between Sprint Corporation and MCI WorldCom. A close look at corporate sales and country GDPs reveals that 51 of the world's 100 largest economies are corporations; only 49 are countries. Hence, it is not surprising that some critics have characterized economic globalization as 'corporate globalization' or 'globalization-from-above'.

TNCs have consolidated their global operations in an increasingly deregulated global labour market. The availability of cheap labour, resources, and favourable production conditions in the global South has enhanced corporate mobility and profitability. Accounting for

Transnational corporations versus countries: a comparison

	Country	GDP ($ mil)	Corporation	Sales ($ mil)
1.	Denmark	174,363.0	General Motors	176,558.0
2.	Poland	154,146.0	Wal-Mart	166,809.0
3.	South Africa	131,127.0	Exxon Mobil	163,881.0
4.	Israel	99,068.0	Royal Dutch/ Shell	105,366.0
5.	Ireland	84,861.0	IBM	87,548.0
6.	Malaysia	74,634.0	Siemens	75,337.0
7.	Chile	71,092.0	Hitachi	71,858.5
8.	Pakistan	59,880.0	Sony	60,052.7
9.	New Zealand	53,622.0	Honda Motor	54,773.5
10.	Hungary	48,355.0	Credit Suisse	49,362.0

Sources: Sales: *Fortune*, 31 July 2000; GDP: World Bank, *World Development Report 2000*.

over 70% of world trade, TNCs have boosted their foreign direct investments by approximately 15% annually during the 1990s. Their ability to disperse manufacturing processes into many discrete phases carried out in many different locations around the world reflects the changing nature of global production. Such transnational production networks allow TNCs like Nike, General Motors, and Volkswagen to produce, distribute, and market their products on a global scale. Nike, for example, subcontracts 100% of its goods production to 75,000 workers in China, South Korea, Malaysia, and Thailand. Transnational production networks augment the power of global capitalism by making it easier for TNCs to bypass nationally based trade unions and other workers' organizations. Anti-sweatshop activists around the world have responded to these tactics by enlisting public participation in several successful consumer boycotts and other forms of nonviolent direct action.

No doubt, the growing power of TNCs has profoundly altered the structure and functioning of the international economy. These giant firms and their global strategies have become major determinants of trade flows, the location of industries, and other economic activities around the world. As a consequence, TNCs have become extremely important players that influence the economic, political, and social welfare of many nations. Here is a final example.

Nokia's role in the Finnish economy

Named after a small town in southwest Finland, Nokia Corporation rose from modest beginnings a little more than a decade ago to become a large TNC that manufactures 37 of every 100 cellphones sold worldwide. Today, its products connect one billion people in an invisible web around the globe. However, Nokia's gift to Finland – the distinction of being the most interconnected nation in the world – came at the price of economic dependency. Nokia is the engine of Finland's economy, representing two-thirds of the stock market's value and one-fifth of the nation's total export. It employs 22,000 Finns, not counting the estimated 20,000 domestic employees who work for companies that depend on Nokia contracts. The corporation produces a large part of Finland's tax revenue, and its $25 billion in annual sales almost equals the entire national budget. Yet, when Nokia's growth rate slowed in recent years, company executives let it be known that they were dissatisfied with the country's relatively steep income tax. Today, many Finnish citizens fear that decisions made by relatively few Nokia managers might pressure the government to lower corporate taxes and abandon the country's generous and egalitarian welfare system.

The enhanced role of international economic institutions

The three international economic institutions most frequently mentioned in the context of economic globalization are the IMF, the World Bank, and the WTO. These three institutions enjoy the privileged position of making and enforcing the rules of a global economy that is sustained by significant power differentials between the global North and South. Since we will discuss the WTO in some detail in Chapters 7 and 8, let us focus here on the other two institutions. As pointed out above, the IMF and the World Bank emerged from the Bretton Woods system. During the Cold War, their important function of providing loans for developing countries became connected to the West's political objective of containing communism. Starting in the 1970s, and especially after the fall of the Soviet Union, the economic agenda of the IMF and the World Bank has synchronized neoliberal interests to integrate and deregulate markets around the world.

In return for supplying much-needed loans to developing countries, the IMF and the World Bank demand from their creditor nations the implementation of so-called 'structural adjustment programmes'. Unleashed on developing countries in the 1990s, this set of neoliberal policies is often referred to as the 'Washington Consensus'. It was devised and codified by John Williamson, who was an IMF adviser in the 1970s. The various sections of the programme were mainly directed at countries with large foreign debts remaining from the 1970s and 1980s. The official purpose of the document was to reform the internal economic mechanisms of debtor countries in the developing world so that they would be in a better position to repay the debts they had incurred. In practice, however, the terms of the programme spelled out a new form of colonialism. The ten points of the Washington Consensus, as defined by Williamson, required governments to implement the following structural adjustments in order to qualify for loans:

1. **A guarantee of fiscal discipline, and a curb to budget deficits;**
2. **A reduction of public expenditure, particularly in the military and public administration;**
3. **Tax reform, aiming at the creation of a system with a broad base and with effective enforcement;**
4. **Financial liberalization, with interest rates determined by the market;**
5. **Competitive exchange rates, to assist export-led growth;**
6. **Trade liberalization, coupled with the abolition of import licensing and a reduction of tariffs;**
7. **Promotion of foreign direct investment;**
8. **Privatization of state enterprises, leading to efficient management and improved performance;**
9. **Deregulation of the economy;**
10. **Protection of property rights.**

It is no coincidence that this programme is called the 'Washington Consensus', for, from the outset, the United States has been the dominant power in the IMF and the World Bank. Unfortunately, however, large portions of the 'development loans' granted by these institutions have either been pocketed by authoritarian political leaders or have enriched local businesses and the Northern corporations they usually serve. Sometimes, exorbitant sums are spent on ill-considered construction projects. Most importantly, however, structural adjustment programmes rarely produce the desired result of 'developing' debtor societies, because mandated cuts in public spending translate into fewer social programmes, reduced educational opportunities, more environmental pollution, and greater poverty for the vast majority of people. Typically, the largest share of the national budget is spent on servicing outstanding debts. For example, in 1997, developing countries paid a combined $292 billion in debt service, while receiving only $269 billion in new loans. This means that the net transfer of wealth from the global South to the North was $23 billion. Pressured by antiglobalist forces, the IMF and the World Bank were only recently willing to consider a new policy of blanket debt forgiveness in special cases.

Neoliberal economics and Argentina

Less than a decade ago, IMF and World Bank officials held up Argentina as a 'model developing country'. Having accepted substantial structural adjustment programmes that led to the privatization of state enterprises, the reduction of tariffs, and the elimination of many social programmes, the Argentine government celebrated low unemployment rates, a stable currency pegged to the dollar, and strong foreign investment. For a few short years, neoliberal economics seemed vindicated. However, as the IMF demanded even stronger austerity measures in return for new loans, the Argentine economy went sour. In June 2000, the country was paralysed by mass strikes against the government's new austerity package designed to meet IMF deficit guidelines and thus retain access to the Fund's $7.2 billion emergency line of credit. In January 2002, after months of violent street protests in major cities, Argentina formally defaulted on its massive public debt of $141 billion. In order to prevent the complete financial and social collapse of his nation, Eduardo Duhalde, the country's fifth president in only two weeks, further limited people's access to their savings deposits and decoupled the peso from the dollar. Within hours, the currency lost a third of its value, robbing ordinary people of the fruits of their labour. 'Argentina is broke, sunk,' the President admitted, 'and this [neoliberal] model has swept everything away with it.'

As this chapter has shown, economic perspectives on globalization can hardly be discussed apart from an analysis of political process and institutions. After all, the intensification of global economic interconnections does not simply fall from the sky; rather, it is set into motion by a series of political decisions. Hence, while acknowledging the importance of economics in our story of globalization, this chapter nonetheless ends with the suggestion that we ought to be sceptical of one-sided accounts that identify expanding economic activity as both the primary aspect of globalization and the engine behind its rapid development. The multidimensional nature of globalization demands that we flesh out in more detail the interaction between its political and economic aspects.

Chapter 4

The political dimension of globalization

Political globalization refers to the intensification and expansion of political interrelations across the globe. These processes raise an important set of political issues pertaining to the principle of state sovereignty, the growing impact of intergovernmental organizations, and the future prospects for regional and global governance. Obviously, these themes respond to the evolution of political arrangements beyond the framework of the nation-state, thus breaking new conceptual ground. After all, for the last few centuries, humans have organized their political differences along territorial lines that generate a sense of 'belonging' to a particular nation-state.

This artificial division of planetary social space into 'domestic' and 'foreign' spheres corresponds to people's collective identities based on the creation of a common 'us' and an unfamiliar 'them'. Thus, the modern nation-state system has rested on psychological foundations and cultural assumptions that convey a sense of existential security and historical continuity, while at the same time demanding from its citizens that they put their national loyalties to the ultimate test. Nurtured by demonizing images of the Other, people's belief in the superiority of their own nation has supplied the mental energy required for large-scale warfare – just as the enormous productive capacities of the modern state have provided the material means necessary to fight the 'total wars' of the last century.

Contemporary manifestations of globalization have led to the partial permeation of these old territorial borders, in the process also softening hard conceptual boundaries and cultural lines of demarcation. Emphasizing these tendencies, commentators belonging to the camp of hyperglobalizers have suggested that the period since the late 1960s has been marked by a radical 'deterritorialization' of politics, rule, and governance. Considering such pronouncements premature at best and erroneous at worst, globalization sceptics have not only affirmed the continued relevance of the nation-state as the political container of modern social life but have also pointed to the emergence of regional blocs as evidence for new forms of territorialization. As each group presents different assessments of the fate of the modern nation-state, they also quarrel over the relative importance of political and economic factors.

Out of these disagreements there have emerged three fundamental questions that probe the extent of political globalization. First, is it really true that the power of the nation-state has been curtailed by massive flows of capital, people, and technology across territorial boundaries? Second, are the primary causes of these flows to be found in politics or in economics? Third, are we witnessing the emergence of global governance? Before we respond to these questions in more detail, let us briefly consider the main features of the modern nation-state system.

The modern nation-state system

The origins of the modern nation-state system can be traced back to 17th-century political developments in Europe. In 1648, the Peace of Westphalia concluded a series of religious wars among the main European powers following the Protestant Reformation. Based on the newly formulated principles of sovereignty and territoriality, the ensuing model of self-contained, impersonal states challenged the medieval mosaic of small polities in which political power tended to be local and personal in focus but still subordinated to a larger imperial authority. While the emergence of the Westphalian model did not eclipse the transnational character of vast imperial domains overnight, it nonetheless gradually strengthened a new conception of international law based on the principle that all states had an equal right to self-determination. Whether ruled by absolutist kings in France and Prussia or in a more democratic fashion by the constitutional monarchs and republican leaders of England and the Netherlands, these unified territorial areas constituted the foundation for modernity's secular and national system of political power. According to political scientist David Held, the Westphalian model contained the following essential points:

1. **The world consists of, and is divided into, sovereign territorial states which recognize no superior authority.**
2. **The processes of law-making, the settlement of disputes, and law enforcement are largely in the hands of individual states.**
3. **International law is oriented to the establishment of minimal rules of co-existence; the creation of enduring relationships is an aim, but only to the extent that it allows state objectives to be met.**
4. **Responsibility for cross-border wrongful acts is a 'private matter' concerning only those affected.**
5. **All states are regarded as equal before the law, but legal rules do not take account of asymmetries of power.**
6. **Differences among states are often settled by force; the principle of effective power holds sway. Virtually no legal fetters exist to curb the resort to force; international legal standards afford only minimal protection.**
7. **The collective priority of all states should be to minimize the impediments to state freedom.**

The centuries following the Peace of Westphalia saw the further centralization of political power, the expansion of state administration, the development of professional diplomacy, and the successful monopolization of the means of coercion in the hands of the state. Moreover, states also provided the military means required for the expansion of commerce, which, in turn, contributed to the spread of this European form of political rule around the globe.

The modern nation-state system found its mature expression at the end of World War I in US President Woodrow Wilson's famous 'Fourteen Points' based on the principle of national self-determination. But his assumption that all forms of national identity should be given their territorial expression in a sovereign 'nation-state' proved to be extremely difficult to enforce in practice. Moreover, by enshrining the nation-state as the ethical and legal pinnacle of his proposed interstate system, Wilson unwittingly lent some legitimacy to those radical ethnonationalist forces that pushed the world's main powers into another war of global proportions.

Yet, Wilson's commitment to the nation-state coexisted with his internationalist dream of establishing a global system of collective security under the auspices of a new international organization, the League of Nations. His idea of giving international cooperation an institutional expression was eventually realized with the founding of the United Nations in 1945. While deeply rooted in a political order based on the modern nation-state system, the UN and other fledgling intergovernmental organizations also served as catalysts for the gradual extension of political activities across national boundaries, thus undermining the principle of national sovereignty.

As globalization tendencies grew stronger during the 1970s, it

8. The Security Council of the United Nations in session. The Council is comprised of 15 states, five of which – the US, the UK, France, Russia, and China – are permanent members. According to Article 25 of the UN Charter, member nations must comply with Security Council resolutions.

became clear that the international society of separate states was rapidly turning into a global web of political interdependencies that challenged the sovereignty of nation-states. In 1990, at the outset of the Gulf War, US President George H. W. Bush effectively pronounced dead the Westphalian model by announcing the birth of a 'new world order' whose leaders no longer respected the idea that cross-border wrongful acts were a matter concerning only those states affected. Did this mean that the modern nation-state system was no longer viable?

The demise of the nation-state?

Hyperglobalizers respond to the above question affirmatively. At the same time, most of them consider political globalization a mere secondary phenomenon driven by more fundamental economic and technological forces. They argue that politics has been rendered almost powerless by an unstoppable techno-economic juggernaut that will crush all governmental attempts to reintroduce restrictive policies and regulations. Endowing economics with an inner logic apart from, and superior to, politics, these commentators look forward to a new phase in world history in which the main role of government will be to serve as a superconductor for global capitalism.

Pronouncing the rise of a 'borderless world', hyperglobalizers seek to convince the public that globalization inevitably involves the decline of bounded territory as a meaningful concept for understanding political and social change. Consequently, this group of commentators suggests that political power is located in global social formations and expressed through global networks rather than through territorially based states. In fact, they argue that nation-states have already lost their dominant role in the global economy. As territorial divisions are becoming increasingly irrelevant, states are even less capable of determining the direction of social life within their borders. For example, since the workings of genuinely global capital markets dwarf their ability to control exchange rates or protect their currency, nation-states have become vulnerable to the discipline imposed by economic choices made elsewhere, over which states have no practical control. Hyperglobalizers insist that the minimalist political order of the future will be determined by regional economies linked together in an almost seamless global web of production and exchange.

A group of globalization sceptics disagrees, highlighting instead the central role of politics in unleashing the forces of globalization, especially through the successful mobilization of political power. In their view, the rapid expansion of global economic activity can be reduced neither to a natural law of the market nor to the development of computer technology. Rather, it originated with political decisions to lift international restrictions on capital made by neoliberal governments in the 1980s and 1990s. Once those decisions were implemented, global markets and new technologies came into their own. The clear implication of this perspective is that territory still matters. Hence, globalization sceptics insist on the continued relevance of conventional political units, operating either in the form of modern nation-states or global cities.

In my view, the arguments of both hyperglobalizers and sceptics remain entangled in a particularly vexing version of the chicken-and-the-egg problem. After all, economic forms of interdependence are set into motion by political decisions, but these decisions are nonetheless made in particular economic contexts. As we have noted in previous chapters, the economic and political aspects of globalization are profoundly interconnected. There is no question that recent economic developments such as trade liberalization and deregulation have significantly constrained the set of political options open to states, particularly in the global South. For example, it has become much easier for capital to escape taxation and other national policy restrictions. Thus, global markets frequently undermine the capacity of governments to set independent national policy objectives and impose their own domestic standards. Hence, we ought to acknowledge the decline of the nation-state as a sovereign entity and the ensuing devolution of state power to regional and local governments as well as to various supranational institutions.

On the other hand, such a concession does not necessarily mean that nation-states have become impotent bystanders to the workings of global forces. Governments can still take measures to make their economies more or less attractive to global investors. In addition, nation-states have retained control over education, infrastructure, and, most importantly, population movements. Indeed, immigration control, together with population registration and monitoring, has often been cited as the most notable exception to the general trend towards global integration. Although only 2% of the world's population live outside their country of origin, immigration control has become a central issue in most advanced nations. Many governments seek to restrict population flows, particularly those originating in the poor countries of the global South. Even in the United States, annual inflows of about 600,000 immigrants during the 1990s reached only half the levels recorded during the first two decades of the 20th century.

Finally, the series of drastic national security measures that were implemented worldwide as a response to the terrorist attacks of 9/11 reflect political dynamics that run counter to the hyperglobalizers' predictions of a borderless world. Some civil rights advocates even fear that the enormous resurgence of patriotism around the world might enable states to re-impose restrictions on the freedom of movement and assembly. At the same time, however, the activities of global terrorist networks have revealed the inadequacy of conventional national security structures based on the modern nation-state system, thus forcing national governments to engage in new forms of international cooperation.

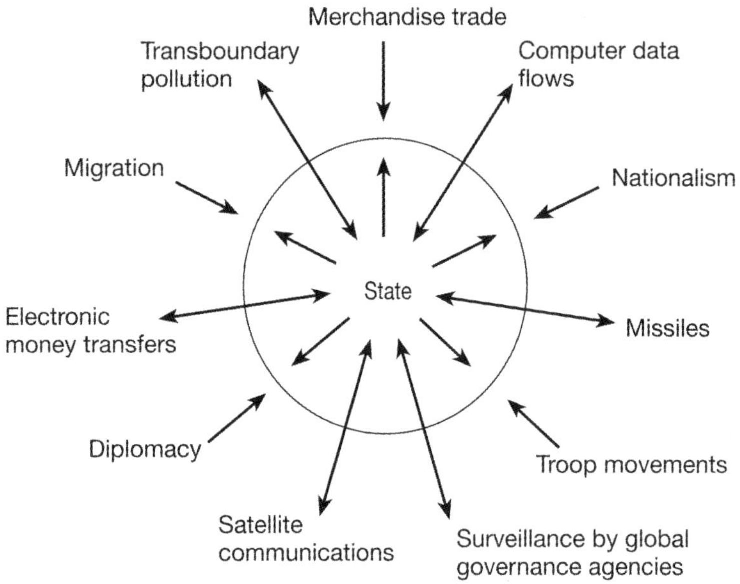

The nation-state in a globalizing world.

Source: Jan Aart Scholte, 'The globalization of world politics', in John Baylis and Steve Smith (eds.), *The Globalization of World Politics*, 2nd edn. (Oxford University Press, 2001), p. 22.

Overall, then, we ought to reject premature pronouncements of the impending demise of the nation-state while acknowledging its increasing difficulties in performing some of its traditional functions. Contemporary globalization has weakened some of the conventional boundaries between domestic and foreign policies while fostering the growth of supraterritorial social spaces and institutions that, in turn, unsettle traditional political arrangements. At the outset of the 21st century, the world finds itself in a transitional phase between the modern nation-state system and postmodern forms of global governance.

Political globalization and global governance

Political globalization is most visible in the rise of supraterritorial institutions and associations held together by common norms and interests. In this early phase of global governance, these structures resemble an eclectic network of interrelated power centres such as municipal and provincial authorities, regional blocs, international organizations, and national and international private-sector associations.

On the municipal and provincial level, there has been a remarkable growth in the number of policy initiatives and transborder links between various sub-state authorities. For example, Chinese provinces and US federal states have established permanent missions and points of contact, some of which operate relatively autonomously with little oversight from their respective national governments. Various provinces and federal states in Canada, India, and Brazil are beginning to develop their own trade agendas and financial strategies to obtain loans. An example of international cooperation on the municipal level is the rise of powerful city networks like the World Association of Major Metropolises that develop cooperative ventures to deal with common local issues across national borders. 'Global cities' like Tokyo, London, New York, and Singapore tend to be more closely connected to each other than they are to many cities in their home countries.

On the regional level, there has been an extraordinary proliferation of multilateral organizations and agreements. Regional clubs and agencies have sprung up across the world, leading some observers to speculate that they will eventually replace nation-states as the basic unit of governance. Starting out as attempts to integrate regional economies, these regional blocs have, in some cases, already evolved into loose political federations with common institutions of governance. For example, the European Community began in 1950 with French Foreign Minister Robert Schuman's modest plan to create a supranational institution charged with regulating French and German coal and steel production. Half a century later, 15 member states have formed a close community with political institutions that create common public policies and design binding security arrangements. Following the dissolution of the Soviet Union in 1991, many of the countries in Eastern Europe have submitted their formal accession applications to the EU.

On a global level, governments have formed a number of international organizations, including the UN, NATO, WTO, and OECD. Full legal membership of these organizations is open to states only, and the decision-making authority lies with representatives from national governments. The proliferation of these transworld bodies has shown that nation-states find it increasingly difficult to manage sprawling networks of social interdependence.

Finally, the emerging structure of global governance is also shaped by 'global civil society', a realm populated by thousands of voluntary, non-governmental associations of worldwide reach. International NGOs like Amnesty International or Greenpeace represent millions of ordinary citizens who are prepared to challenge political and economic decisions made by nation-states and intergovernmental organizations. We will examine the antiglobalist activities of some of these organizations in Chapter 8.

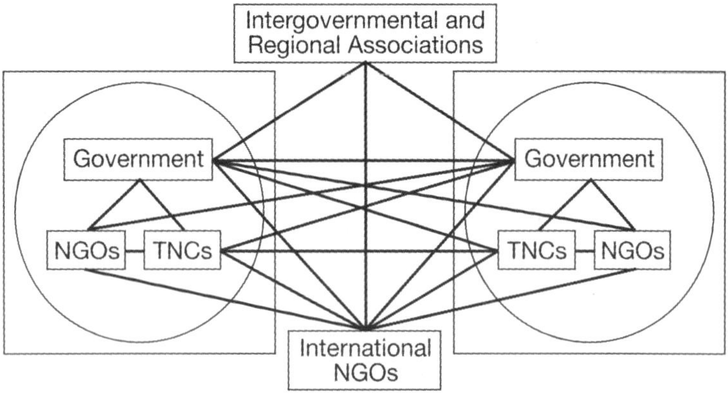

Incipient global governance: a network of interrelated power centres.

Source: adapted from Peter Willets, 'Transnational actors and international organizations in global politics', in Baylis and Smith, *The Globalization of World Politics*, p. 379.

Some globalization researchers believe that political globalization might facilitate the emergence of democratic transnational social forces anchored in this thriving sphere of global civil society. Predicting that democratic rights will ultimately become detached from their narrow relationship to discrete territorial units, these optimistic voices anticipate the creation of a democratic global governance structure based on Western cosmopolitan ideals, international legal arrangements, and a web of expanding linkages between various governmental and non-governmental organizations. If such a promising scenario indeed will come to pass, then the final outcome of political globalization might well be the emergence of a cosmopolitan democracy that would constitute the basis for a plurality of identities flourishing within a structure of mutual toleration and accountability. According to David Held, one of the chief proponents of this view, the cosmopolitan democracy of the future would contain the following political features:

1. **A global parliament connected to regions, states, and localities;**
2. **A new charter of rights and duties locked into different domains of political, social, and economic power;**
3. **The formal separation of political and economic interests;**
4. **An interconnected global legal system with mechanisms of enforcement from the local to the global.**

A number of less optimistic commentators have challenged the idea that political globalization is moving in the direction of cosmopolitan democracy. Most criticisms boil down to the charge that such a vision indulges in an abstract idealism that fails to engage current political developments on the level of public policy. Sceptics have also expressed the suspicion that the proponents of cosmopolitanism do not consider in sufficient detail the cultural feasibility of global democracy. In other words, the worldwide intensification of cultural, political, and economic interaction makes the possibility of resistance and opposition just as real as the benign vision of mutual accommodation and tolerance of differences. To follow up on this cultural dimension of globalization, let us turn to the next chapter.

Chapter 5
The cultural dimension of globalization

Even a very short introduction to globalization would be woefully inadequate without an examination of its cultural dimension. Cultural globalization refers to the intensification and expansion of cultural flows across the globe. Obviously, 'culture' is a very broad concept; it is frequently used to describe the whole of human experience. In order to avoid the ensuing problem of overgeneralization, it is important to make analytical distinctions between aspects of social life. For example, we associate the adjective 'economic' with the production, exchange, and consumption of commodities. If we are discussing the 'political', we mean practices related to the generation and distribution of power in societies. If we are talking about the 'cultural', we are concerned with the symbolic construction, articulation, and dissemination of meaning. Given that language, music, and images constitute the major forms of symbolic expression, they assume special significance in the sphere of culture.

The exploding network of cultural interconnections and interdependencies in the last decades has led some commentators to suggest that cultural practices lie at the very heart of contemporary globalization. Yet, cultural globalization did not start with the worldwide dissemination of rock 'n' roll, Coca-Cola, or football. As noted in Chapter 2, expansive civilizational exchanges are much older than modernity. Still, the volume and extent of cultural transmissions in the contemporary period have far exceeded those of earlier eras. Facilitated by the Internet and other new technologies, the dominant symbolic systems of meaning of our age – such as individualism, consumerism, and various religious discourses – circulate more freely and widely than ever before. As images and ideas can be more easily and rapidly transmitted from one place to another, they profoundly impact the way people experience their everyday lives. Today, cultural practices frequently escape fixed localities such as town and nation, eventually acquiring new meanings in interaction with dominant global themes.

The thematic landscape traversed by scholars of cultural globalization is vast and the questions they raise are too numerous to be fleshed out in this short introduction. Rather than offering a long laundry list of relevant topics, this chapter will focus on four important themes: the tension between sameness and difference in the emerging global culture; the crucial role of transnational media corporations in disseminating popular culture; the globalization of languages; and the impact of materialist and consumerist values on our planet's ecological systems.

Global culture: sameness or difference?

Does globalization make people around the world more alike or more different? This is the question most frequently raised in discussions on the subject of cultural globalization. A group of commentators we might call 'pessimistic hyperglobalizers' argue in favour of the former. They suggest that we are not moving towards a cultural rainbow that reflects the diversity of the world's existing cultures. Rather, we are witnessing the rise of an increasingly homogenized popular culture underwritten by a Western 'culture industry' based in New York, Hollywood, London, and Milan. As evidence for their interpretation, these commentators point to Amazonian Indians wearing Nike training shoes, denizens of the Southern Sahara purchasing Texaco baseball caps, and Palestinian youths proudly displaying their Chicago Bulls sweatshirts in downtown Ramallah. Referring to the diffusion of Anglo-American values and consumer goods as the 'Americanization of the world', the proponents of this cultural homogenization thesis argue that Western norms and lifestyles are overwhelming more vulnerable cultures. Although there have been serious attempts by some countries to resist these forces of 'cultural imperialism' – for example, a ban on satellite dishes in Iran, and the French imposition of tariffs and quotas on imported film and television – the spread of American popular culture seems to be unstoppable.

But these manifestations of sameness are also evident inside the dominant countries of the global North. American sociologist George Ritzer coined the term 'McDonaldization' to describe the wide-ranging sociocultural processes by which the principles of the fast-food restaurant are coming to dominate more and more sectors of American society as well as the rest of the world. On the surface, these principles appear to be rational in their attempts to offer efficient and predictable ways of serving people's needs. However, looking behind the façade of repetitive TV commercials that claim to 'love to see you smile', we can identify a number of serious problems. For one, the generally low nutritional value of fast-food meals – and particularly their high fat content – has been implicated in the rise of serious health problems such as heart disease, diabetes, cancer, and juvenile obesity. Moreover, the impersonal, routine operations of 'rational' fast-service establishments actually undermine expressions of forms of cultural diversity. In the long run, the McDonaldization of the world amounts to the imposition of uniform standards that eclipse human creativity and dehumanize social relations.

Perhaps the most thoughtful analyst in this group of pessimistic hyperglobalizers is American political theorist Benjamin Barber. In his popular book on the subject, he warns his readers against the

The American way of life

Number of types of packaged bread available at a Safeway in Lake Ridge, Virginia	104
Number of those breads containing no hydrogenated fat or diglycerides	0
Amount of money spent by the fast food industry on television advertising per year	$3 billion
Amount of money spent promoting the National Cancer Institute's 'Five A Day' programme, which encourages the consumption of fruits and vegetables to prevent cancer and other diseases	$1 million
Number of 'coffee drinks' available at Starbucks, whose stores accommodate a stream of over 5 million customers per week, most of whom hurry in and out	26
Number of 'coffee drinks' in the 1950s coffee houses of Greenwich Village, New York City	2
Number of new models of cars available to suburban residents in 2001	197
Number of convenient alternatives to the car available to most such residents	0
Number of US daily newspapers in 2000	1,483
Number of companies that control the majority of those newspapers	6
Number of leisure hours the average American has per week	35
Number of hours the average American spends watching television per week	28

Sources: Eric Schossler, *Fast Food Nation* (Houghton & Mifflin, 2001), p. 47; www.naa.org/info/facts00/11.htm; *Consumer Reports Buying Guide 2001* (Consumers Union, 2001), pp. 147–163; Laurie Garrett, *Betrayal of Trust* (Hyperion, 2000), p. 353; www.roper.com/news/content/news169.htm; *The World Almanac and Book of Facts 2001* (World Almanac Books, 2001), p. 315; www.starbucks.com.

cultural imperialism of what he calls 'McWorld' – a soulless consumer capitalism that is rapidly transforming the world's diverse populations into a blandly uniform market. For Barber, McWorld is a product of a superficial American popular culture assembled in the 1950s and 1960s, driven by expansionist commercial interests. Music, video, theatre, books, and theme parks are all constructed as American image exports that create common tastes around common logos, advertising slogans, stars, songs, brand names, jingles, and trademarks.

Optimistic hyperglobalizers agree with their pessimistic colleagues that cultural globalization generates more sameness, but they consider this outcome to be a good thing. For example, American social theorist Francis Fukuyama explicitly welcomes the global spread of Anglo-American values and lifestyles, equating the Americanization of the world with the expansion of democracy and free markets. But optimistic hyperglobalizers do not just come in the form of American chauvinists who apply the old theme of manifest destiny to the global arena. Some representatives of this camp consider themselves staunch cosmopolitans who celebrate the Internet as the harbinger of a homogenized 'techno-culture'. Others are free-market enthusiasts who embrace the values of global consumer capitalism.

It is one thing to acknowledge the existence of powerful homogenizing tendencies in the world, but it is quite another to assert that the cultural diversity existing on our planet is destined to vanish. In fact, several influential commentators offer a contrary assessment that links globalization to new forms of cultural expression. Sociologist Roland Robertson, for example, contends that global cultural flows often reinvigorate local cultural niches. Hence, rather than being totally obliterated by the Western consumerist forces of sameness, local difference and particularity still play an important role in creating unique cultural constellations. Arguing that cultural globalization always takes place in local contexts, Robertson rejects the cultural homogenization thesis and speaks instead of 'glocalization' – a complex interaction of the global and local characterized by cultural borrowing. The resulting expressions of cultural 'hybridity' cannot be reduced to clear-cut manifestations of 'sameness' or 'difference'. As we noted in our previous discussion of Osama bin Laden, such processes of hybridization have become most visible in fashion, music, dance, film, food, and language.

In my view, the respective arguments of hyperglobalizers and sceptics are not necessarily incompatible. The contemporary experience of living and acting across cultural borders means both the loss of traditional meanings and the creation of new symbolic expressions. Reconstructed feelings of belonging coexist in uneasy tension with a sense of placelessness. Cultural globalization has contributed to a remarkable shift in people's consciousness. In fact, it appears that the old structures of modernity are slowly giving way to a new 'postmodern' framework characterized by a less stable sense of identity and knowledge.

Given the complexity of global cultural flows, one would actually expect to see uneven and contradictory effects. In certain contexts, these flows might change traditional manifestations of national identity in the direction of a popular culture characterized by sameness; in others they might foster new expressions of cultural particularism; in still others they might encourage forms of cultural hybridity. Those commentators who summarily denounce the homogenizing effects of Americanization must not forget that hardly any society in the world today possesses an 'authentic', self-contained culture. Those who despair at the flourishing of cultural hybridity ought to listen to exciting Indian rock songs, admire the intricacy of Hawaiian pidgin, or enjoy the culinary delights of Cuban-Chinese cuisine. Finally, those who applaud the spread of consumerist capitalism need to pay attention to its negative consequences, such as the dramatic decline of communal sentiments as well as the commodification of society and nature.

The role of the media

To a large extent, the global cultural flows of our time are generated and directed by global media empires that rely on powerful communication technologies to spread their message. Saturating global cultural reality with formulaic TV shows and mindless advertisements, these corporations increasingly shape people's identities and the structure of desires around the world. During the last two decades, a small group of very large TNCs have come to dominate the global market for entertainment, news, television, and film. In 2000, only ten media conglomerates – AT&T, Sony, AOL/Time Warner, Bertelsmann, Liberty Media, Vivendi Universal, Viacom, General Electric, Disney, and News Corporation – accounted for more than two-thirds of the $250–275 billion in annual worldwide revenues generated by the communications industry. In the first half of that year, the volume of merger deals in global media, Internet, and telecommunications totalled $300 billion, three times the figure for the first six months of 1999.

As recently as 15 years ago, not one of the giant corporations that dominate what Benjamin Barber has appropriately called the 'infotainment telesector' existed in its present form as a media company. In 2001, nearly all of these corporations ranked among the largest 300 non-financial firms in the world. Today, most media analysts concede that the emergence of a global commercial-media market amounts to the creation of a global oligopoly similar to that of the oil and automotive industries in the early part of the 20th century. The crucial cultural innovators of earlier decades – small, independent record labels, radio stations, movie theatres, newspapers, and book publishers – have become virtually extinct as they found themselves incapable of competing with the media giants.

The negative consequences of this shotgun marriage of finance and culture are obvious. TV programmes turn into global 'gossip markets', presenting viewers and readers of all ages with the vacuous details of the private lives of American celebrities like Britney Spears, Jennifer Lopez, Leonardo DiCaprio, and Kobe Bryant. Evidence suggests that people all over the world - but especially those from wealthy countries of the Northern hemisphere - are watching more television than ever before. For example, the daily average viewing time per TV home in the United States has increased from 5 hours and 56 minutes in 1970 to 7 hours and 26 minutes in 1999. That same year, TV household penetration in the US stood at a record 98.3%, with 73.9% of TV households owning two or more sets. Advertisement clutter on US television reached unprecedented levels in 2000, peaking at over 15 minutes of commercials per prime time TV hour, not including the frequent cutaways for local ads. The TV advertisement volume in the US has increased from $3.60 billion in 1970 to $50.44 billion in 1999. Recent studies show that American children at age 12 watch an average of 20,000 TV commercials a year, and 2-year-old toddlers have already developed brand loyalties.

The values disseminated by transnational media enterprises secure not only the undisputed cultural hegemony of popular culture, but also lead to the depoliticization of social reality and the weakening of civic bonds. One of the most glaring developments of the last two decades has been the transformation of news broadcasts and educational programmes into shallow entertainment shows. Given that news is less than half as profitable as entertainment, media firms are increasingly tempted to pursue higher profits by ignoring journalism's much vaunted separation of newsroom practices and business decisions. Partnerships and alliances between news and entertainment companies are fast becoming the norm, making it more common for publishing

The 'Big Ten' media conglomerates in 2001

AT&T CORPORATION (partial or majority ownership of the following)
Television: 7 networks (including WB, HBO, E!), 1 production company, largest cable provider
Movies: 3 studios (including Warner Bros)
Radio: 43 stations in Canada
Music: 1 production company (Quincy Jones Entertainment Co.)

SONY (partial or majority ownership of the following)
Television: 4 networks (including Telemundo, Music Choice, Game Show Network)
Movies: 4 studios (including Columbia Pictures), 1 movie theatre chain (Loews)
Music: 4 labels (including Columbia, Epic, American), 1 recording studio (Whitfield)

AOL/TIME WARNER (partial or majority ownership of the following)
Television: 15 networks (including WB, HBO, TBS, TNT, CNN), second-largest cable provider, 4 production companies (including Warner Bros, Castle Rock), library of 6,500 movies, 32,000 TV shows, 1 digital video recording company (TiVo)
Magazines: 64 titles (including *People*, *Life*, *Time*)
Movies: 3 studios (including Warner Bros, New Line)
Music: 40 labels (including Atlantic, Elektra, Rhino), 1 production company (Quincy Jones Entertainment Co.)

***Internet*: 4 Internet companies (including America Online, CompuServe, Netscape), 7 websites (including MusicNet, Winamp, moviefone)**

BERTELSMANN (partial or majority ownership of the following)

***Television*: 22 stations in Europe, Europe's biggest broadcaster**

***Internet*: 6 websites (including Lycos, MusicNet, Get Music, barnesandnoble.com)**

***Magazines*: 80 titles (including *YM*, *Family Circle*, *Fitness*)**

***Radio*: 18 stations in Europe**

***Music*: 200 labels (including Arista, RCA, BMG Classics)**

***Newspapers*: 11 dailies in Germany and Eastern Europe**

LIBERTY MEDIA CORPORATION (partial or majority ownership of the following)

***Television*: 20 networks (including Discovery, USA Network, Sci-Fi Channel, QVC), 14 stations, largest cable operator in Japan, 2 production companies (MacNeil/Lehrer Productions), 1 digital video recording company (TiVo)**

***Internet*: 3 websites (including Ticketmaster, Citysearch)**

***Movies*: 6 studios (including USA Films, Gramercy Pictures, October Films)**

***Radio*: 21 stations in US, 49 stations in Canada**

***Magazines*: 101 titles (including *American Baby*, *Modern Bride*, *Seventeen*)**

VIVENDI UNIVERSAL (partial or majority ownership of the following)
Television: 34 channels in 15 countries (including USA Network, Sundance Channel), cable operations in 11 countries, 2 production studios (Universal Studios)
Movies: 6 studios (including Universal Studios, PolyGram Films, Gramercy Pictures)
Music: 10 labels (including Interscope, Def Jam, MCA)
Internet: 1 Internet company (Vizzavi), 2 websites (Get Music, iWON.com)
Magazines: 2 titles (*L'Express*, *L'Expansion*)
Newspapers: Free papers in France

VIACOM, INC. (partial or majority ownership of the following)
Television: 18 networks (including CBS, UPN, MTV, Nickelodeon), 39 stations, 7 production studios, 1 digital video recording company (TiVo)
Movies: 4 studios, 1 movie rental chain (Blockbuster)
Internet: 8 websites (including Sportsline.com, hollywood.com, iWON.com)
Magazines: 4 titles (including *BET Weekend*, *Emerge*, *Heart & Soul*)
Radio: 184 Infinity radio stations, CBS Radio Network

GENERAL ELECTRIC (partial or majority ownership of the following)
Television: 12 networks (including NBC, A&E, Bravo), 13 stations and PAX TV, 5 production studios, 1 digital video recording company (TiVo)
Internet: 6 websites (including Salon.com, Autobytel.com, polo.com)

WALT DISNEY COMPANY (partial or majority ownership of the following)

Television: 17 networks (including ABC, ESPN, Lifetime), 10 stations, 6 production studios (including Buena Vista, Touchstone, Saban)

Movies: 6 studios (including Dimension, Miramax Film Corp., Touchstone Pictures)

Radio: 50 stations and 4 networks

Magazines: 6 titles (including *US Weekly*, *Discover*, *Talk*)

NEWS CORPORATION (partial or majority ownership of the following)

Television: 14 networks (including Fox, National Geographic Channel, Golf Channel), 33 stations, 5 production studios (including Regency Television, XYZ Entertainment), 1 digital video recording company (TiVo)

Movies: 7 studios (including Fox Searchlight, New Regency, Twentieth Century Fox)

Music: 1 label (Rawkus)

Newspapers: 7 dailies (including *NY Post*, *The Sun*, *The Australian*)

Adapted from *The Nation*, 7/14 January 2002

executives to press journalists to cooperate with their newspapers' business operations. A sustained attack on the professional autonomy of journalism is, therefore, also part of cultural globalization.

The globalization of languages

One direct method of measuring and evaluating cultural changes brought about by globalization is to study the shifting global patterns of language use. The globalization of languages can be viewed as a process by which some languages are increasingly used in international communication while others lose their prominence and even disappear for lack of speakers. Researchers at the Globalization Research Center at the University of Hawai'i have identified five key variables that influence the globalization of languages:

1. ***Number of languages*: The declining number of languages in different parts of the world points to the strengthening of homogenizing cultural forces.**
2. ***Movements of people*: People carry their languages with them when they migrate and travel. Migration patterns affect the spread of languages.**
3. ***Foreign language learning and tourism*: Foreign language learning and tourism facilitate the spread of languages beyond national or cultural boundaries.**
4. ***Internet languages*: The Internet has become a global medium for instant communication and quick access to information. Language use on the Internet is a key factor in the analysis of the dominance and variety of languages in international communication.**
5. ***International scientific publications*: International scientific publications contain the languages of global intellectual discourse, thus critically impacting intellectual communities involved in the production, reproduction, and circulation of knowledge around the world.**

The figure below illustrates the relationships among these five variables.

Given these highly complex interactions, research in this area frequently yields contradictory conclusions. The figure below represents only one possible conceptualization of the meaning and effects of language globalization. Unable to reach a general agreement, experts in the field have developed several different hypotheses. One model posits a clear correlation between the growing global significance of a few languages – particularly English, Chinese, Spanish, and French – and the declining number of other languages around the world. Another model suggests that the globalization of language does not necessarily mean that our descendants are destined to utilize only a few tongues. Still another thesis emphasizes the power of the Anglo-American culture industry to make English *the* global lingua franca of the 21st century.

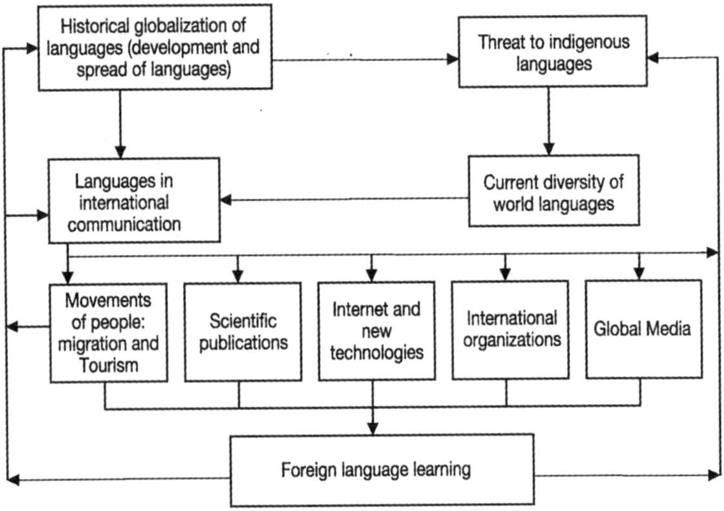

The globalization of languages.

Source: Adapted from Globalization Research Center at the University of Hawai'i-Manoa, www.globalhawaii.org.

To be sure, the rising significance of the English language has a long history, reaching back to the birth of British colonialism in the late 16th century. At that time, only approximately 7 million people used English as their mother tongue. By the 1990s, this number had swollen to over 350 million native speakers, with 400 million more using English as a second language. Today, more than 80% of the content posted on the Internet is in English. Almost half of the world's growing population of foreign students are enrolled at institutions in Anglo-American countries.

At the same time, however, the number of spoken languages in the world has dropped from about 14,500 in 1500 to less than 7,000 in 2000. Given the current rate of decline, some linguists predict that 50–90% of the currently existing languages will have disappeared by the end of the 21st century.

But the world's languages are not the only entities threatened with extinction. The spread of consumerist values and materialist lifestyles has endangered the ecological health of our planet as well.

Cultural values and environmental degradation

How people view their natural environment depends to a great extent on their cultural milieu. For example, cultures steeped in Taoist, Buddhist, and various animist religions tend to emphasize the interdependence of all living beings – a perspective that calls for a delicate balance between human wants and ecological needs. Judeo-Christian humanism, on the other hand, contains deeply dualistic values that put human beings at the centre of the universe. Nature is considered a 'resource' to be used instrumentally to fulfil human desires. The most extreme manifestation of this anthropocentric paradigm is reflected in the dominant values and beliefs of consumerism. As pointed out above, the US-dominated culture industry seeks to convince its global audience that the

The declining number of languages around the world, 1500–2000

Continents	Early 16th century		Early 17th century		Early 18th century	
	Number	%	Number	%	Number	%
Americas	2,175	15	2,025	15	1,800	15
Africa	4,350	30	4,050	30	3,600	30
Europe	435	3	405	3	360	3
Asia	4,785	33	4,455	33	3,960	33
Pacific	2,755	19	2,565	19	2,280	19
World	14,500	100	13,500	100	12,000	100

Continents	Early 19th century		Early 20th century		Late 20th century		Early 21st century	
	Number	%	Number	%	Number	%	Number	%
Americas	1,500	15	1,125	15	1,005	15	366	12
Africa	3,000	30	2,250	30	2,011	30	1,355	45
Europe	300	3	225	3	201	3	140	5
Asia	3,300	33	2,475	33	2,212	33	1,044	38
Pacific	1,900	19	1,425	19	1,274	19	92	3
World	10,000	100	7,500	100	6,703	100	2,997	100

Source: Globalization Research Center at the University of Hawai'i-Manoa, www.globalhawaii.org.

meaning and chief value of life can be found in the limitless accumulation of material possessions.

At the dawn of the 21st century, however, it has become impossible to ignore the fact that people everywhere on this planet are inextricably linked to each other through the air they breathe, the climate they depend upon, the food they eat, and the water they drink. In spite of this obvious lesson of interdependence, our planet's ecosystems are subjected to continuous human assault in order to secure wasteful lifestyles. Granted, some of the major ecological challenges the world faces today are problems that afflicted civilizations even in ancient times. But until the coming of the Industrial Revolution, environmental degradation was relatively localized and occurred over thousands of years. In the last few decades, the scale, speed, and depth of Earth's environmental decline have been unprecedented. Let us briefly consider some of the most dangerous manifestations of the globalization of environmental degradation.

Two of the major concerns relate to uncontrolled population growth and lavish consumption patterns in the global North. Since farming economies first came into existence about 480 generations ago, the global population has exploded a thousand-fold to more than 6 billion. Half of this increase has occurred in the last 30 years. With the possible exception of some rodent species, humans are now the most numerous mammals on earth. Vastly increased demands for food, timber, and fibre have put severe pressure on the planet's ecosystems. Today, large areas of the Earth's surface, especially in arid and semi-arid regions, have nearly ceased to be biologically productive.

Concerns about the relationship between population growth and environmental degradation are frequently focused rather narrowly on aggregate population levels. Yet, the global impact of humans on the environment is as much a function of per capita consumption as it is of overall population size. For example, the United States comprises only 6% of the world's population, but it consumes

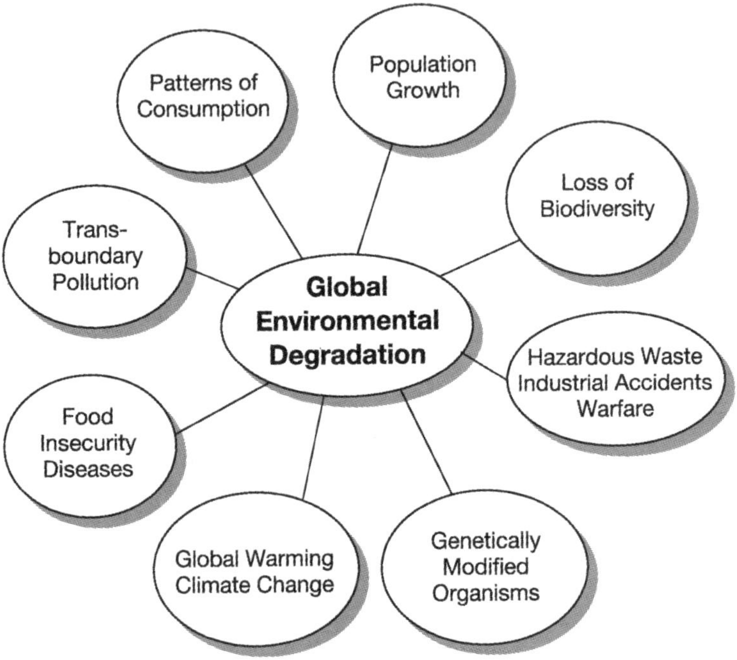

Major manifestations and consequences of global environmental degradation.

Source: Author.

30–40% of our planet's natural resources. Together, regional overconsumption and uncontrolled population growth present a serious problem to the health of our planet. Unless we are willing to change the underlying cultural and religious value structure that sustains these ominous dynamics, the health of Mother Earth is likely to deteriorate even further.

Human-induced climate change such as global warming represents another example of the decisive shift in both the intensity and extent of contemporary environmental problems. The rapid build-up of gas emissions, including carbon dioxide, methane, nitrous and sulphur oxides, and chlorofluorocarbons, in our planet's atmosphere has greatly enhanced Earth's capacity to trap heat. The resulting 'greenhouse effect' is responsible for raising average temperatures worldwide.

Annual consumption patterns (per capita) in selected countries in 2001

Country	Meat (kg)	Paper (kg)	Fossil fuels (kg of oil equivalent)	Passenger cars (per 1,000 people)	Total value of private consumption
United States	122	293	6,902	489	$21,680
Japan	42	239	3,277	373	$15,554
Poland	73	54	2,585	209	$5,087
China	47	30	700	3.2	$1,410
Zambia	12	1.6	77	17	$625

Source: US Public Broadcasting Service, http://www.pbs.org/earthonedge/science/trends.html.

Although the precise effects of global warming are difficult to calculate, the US Union of Concerned Scientists has presented data suggesting that the global average temperature increased from about 13.5°C (56.3°F) in 1880 to 14.4°C (57.9°F) in 2000. Further increases in global temperatures could lead to partial meltdowns of the polar ice caps, causing global sea levels to rise by up to 90 centimetres by 2100 – a catastrophic development that would threaten the many coastal regions around the world.

Transboundary pollution represents another grave danger to our collective survival. The release of vast amounts of synthetic chemicals into the air and water has created conditions for human and animal life that are outside previous limits of biological experience. For example, chlorofluorocarbons have been used in the second half of the 20th century as nonflammable refrigerants, industrial solvents, foaming agents, and aerosol propellants. In the mid-1970s, researchers noted that the unregulated release of CFCs into the air seemed to be depleting Earth's protective ozone layer. A decade later, the discovery of large 'ozone holes' over Tasmania, New Zealand,

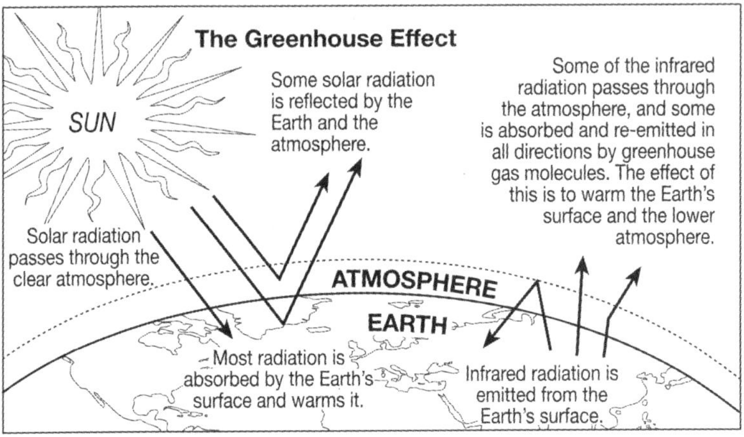

9. The Greenhouse Effect.

and large parts of the Antarctic finally resulted in a coordinated international effort to phase out production of CFCs and other ozone-depleting substances. Other forms of transboundary pollution include industrial emissions of sulphur and nitrogen oxides. Returning to the ground in the form of 'acid rain', these chemicals damage forests, soils, and freshwater ecosystems. Current acid deposits in Northern Europe and parts of North America are at least twice as high as the critical level suggested by environmental agencies.

Perhaps the most ominous problem associated with globalization of environmental degradation in the contemporary era is the worldwide destruction of biodiversity. In 1998, a group of US scientists rated biodiversity loss as a more serious environmental problem than global warming or transboundary pollution. Seven out of ten biologists today believe the world is now in the midst of the fastest mass extinction of living species in the 4.5-billion-year history of the planet. According to recent OECD reports, two-thirds of the world's farmlands have been rated as 'somewhat degraded' and one-third have been marked as 'strongly degraded'. Half the world's wetlands have already been destroyed, and the biodiversity of freshwater ecosystems is under serious threat. Three-quarters of worldwide genetic diversity in agricultural crop and animal breeds

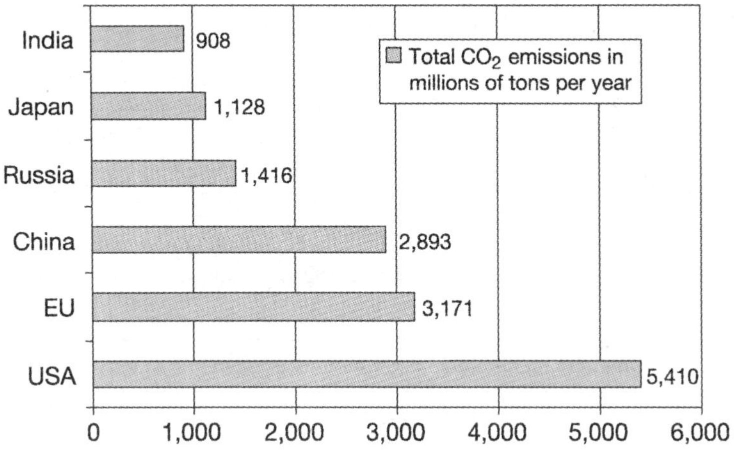

Carbon dioxide emissions: major polluters in 2001.

Source: BBC Science-Technology, http://news6.thdo.bbc.co.uk.

has been lost since 1900. Some experts fear that up to 50% of all plant and animal species – most of them in the global South – will disappear by the end of this century.

Despite this litany of bad ecological news, one might find reason for cautious optimism in the rising number of international environmental treaties and agreements. Various clauses in these accords curtail air and water pollution, protect endangered species, and limit hazardous waste disposal. Unfortunately, however, most of these treaties lack effective international enforcement mechanisms. Moreover, such major environmental polluters as the United States and China have not yet ratified some of the key agreements.

In 1992, the Union of Concerned Scientists issued a communiqué entitled 'Warning to Humanity', which stated that the global environment was in the throes of a severe crisis. More than 1,500 scientists, including many Nobel laureates, have signed the document. It remains to be seen whether the growing recognition of the ecological limits of our planet will translate into a much-needed revision of cultural structures rooted in the desire for the unlimited accumulation of material things.

Major global environmental treaties, 1971–2002

Name	Coverage/protection	Date
Ramsar Convention, Iran	Wetlands	1971
UNESCO-World Heritage, Paris	Cultural and natural heritage	1972
UNEP Conference, Stockholm	General environment	1972
CITES, Washington, DC	Endangered species	1973
Marine Pollution Treaty, London	Marine pollution from ships	1978
UN Convention on Law of the Sea	Marine species, pollution	1982
Vienna Protocol	Ozone layer	1985
Montreal Protocol	Ozone layer	1987
Basel Convention	Hazardous wastes	1989
UN 'Rio Summit' on Environment	Climate change, biodiversity	1992
Jakarta Mandate	Marine and coastal diversity	1995
Kyoto Protocol	Global warming	1997
Rotterdam Convention	Industrial pollution	1998
Johannesburg World Summit	Ecological sustainability, pollution	2002

Source: Author.

Chapter 6
The ideological dimension of globalization

An ideology can be defined as a system of widely shared ideas, patterned beliefs, guiding norms and values, and ideals accepted as truth by a particular group of people. Ideologies offer individuals a more or less coherent picture of the world not only as it is, but also as it ought to be. In doing so, they help organize the tremendous complexity of human experience into fairly simple, but frequently distorted, images that serve as guide and compass for social and political action. These simplified and distorted ideas are often employed to legitimize certain political interests or to defend dominant power structures. Seeking to imbue society with their preferred norms and values, ideologists present the public with a circumscribed agenda of things to discuss, claims to make, and questions to ask. They speak to their audience in stories and narratives that persuade, praise, condemn, distinguish 'truths' from 'falsehoods', and separate the 'good' from the 'bad'. Thus, ideology connects theory and practice by orienting and organizing human action in accordance with generalized claims and codes of conduct.

Like all social processes, globalization contains an ideological dimension filled with a range of norms, claims, beliefs, and narratives about the phenomenon itself. For example, the heated public debate over whether globalization represents a 'good' or a 'bad' thing occurs in the arena of ideology. Hence, before exploring the ideological dimension of globalization, we should make an important analytical distinction between *globalization* – social processes of intensifying global interdependence that have been described by various commentators in different, often contradictory ways – and *globalism* – an ideology that endows the concept of globalization with neoliberal values and meanings.

As we will see in Chapter 7, various social groups have contested this association of neoliberal values with globalization, seeking instead to endow the concept with different norms and meanings. Up to now, however, the ideals expressed by these groups have not been able to dislodge the dominant neoliberal discourse of globalism. The latter is disseminated worldwide by a powerful phalanx of social forces located chiefly in the global North, consisting of corporate managers, executives of large transnational corporations, corporate lobbyists, journalists and public-relations specialists, intellectuals writing to a large public audience, state

10. Microsoft CEO Bill Gates, one of the world's most powerful advocates of globalism.

bureaucrats, and politicians. Serving as the chief advocates of globalism, these individuals saturate the public discourse with idealized images of a consumerist, free-market world.

Selling globalization

In 2002, the neoliberal American magazine *Business Week* featured a cover story on globalization that contained the following statement: 'For nearly a decade, political and business leaders have struggled to persuade the American public of the virtues of globalization.' Citing the results of a national poll on globalization conducted in April 2000, the article goes on to report that most Americans seem to be of two minds on the subject. On one hand, about 65% of the respondents think that globalization is a 'good thing' for consumers and businesses in both the United States and the rest of the world. On the other, they are afraid that globalization might lead to a significant loss of American jobs. In addition, nearly 70% of those polled believe that free trade agreements with low-wage countries are responsible for driving down wages in the United States. Ending on a rather combative note, the article issues a stern warning to American politicians and business leaders not to be caught off guard by the arguments of antiglobalist forces. In order to assuage people's increasing anxiety on the subject, American decision makers ought to be more effective in highlighting the benefits of globalization. After all, the persistence of public fears over globalization might result in a significant backlash, jeopardizing the health of the international economy and 'the cause of free trade'.

The cover story contains two important pieces of information with regard to the ideological dimensions of globalization. First, there is the open admission that political and business leaders are actively engaged in selling their preferred version of globalization to the public. In fact, the author of the *Business Week* article sees the construction of arguments and images that portray globalization in a positive light as an indispensable tool for the realization of a global order based on free-market principles. No doubt, such favourable visions of globalization pervade public opinion and political choices. Today, neoliberal decision makers have had to become expert designers of an attractive ideological container for their market-friendly political agenda. Given that the exchange of commodities constitutes the core activity of all market societies, the discourse of globalization itself has turned into an extremely important commodity destined for public consumption.

Second, the polling data presented in the *Business Week* cover story reveal the existence of a remarkable cognitive dissonance between people's normative orientation towards globalization and their personal experiences in the globalizing world. How can one explain that a sizeable majority of respondents is afraid of the negative economic impact of globalization on their lives while at the same time deeming globalization to be a 'good thing'? The obvious answer is ideology. Glowing neoliberal narratives of globalization have shaped a large part of public opinion around the world, even where people's daily experiences reflect a less favourable picture.

Business Week, *The Economist*, *Forbes*, the *Wall Street Journal*, and the *Financial Times* are among the most powerful of dozens of magazines, journals, newspapers, and electronic media published in the wealthy countries of the Northern Hemisphere that feed their readers a steady diet of globalist claims. Globalism has become what some social and political thinkers call a 'strong discourse' – one that is notoriously difficult to resist and repel because it has on its side powerful social forces that have already pre-selected what counts as 'real' and, therefore, shape the world accordingly. The constant repetition and public recitation of globalism's central claims and slogans have the capacity to produce what they name. As more neoliberal policies are enacted, the claims of globalism become even more firmly planted in the public mind.

In the remainder of this chapter, we will identify and analyse five major ideological claims that occur with great regularity in the utterances, speeches, and writings of influential advocates of globalism. It is important to note that globalists themselves construct these claims in order to sell their political and economic agenda. It may be true that no single globalist speech or piece of writing contains all of the five assertions discussed below, but all of them contain at least some of these claims.

Claim 1: Globalization is about the liberalization and global integration of markets

Like all ideologies, globalism starts with the attempt to establish an authoritative account of what the phenomenon is all about. For neoliberals, such a definition is anchored in the idea of the self-regulating market that serves as the framework for a future global order. As we noted in Chapter 3, neoliberals seek to cultivate in the popular mind the uncritical association of 'globalization' with what they assert to be the benefits of market liberalization. In particular, they present the liberalization and integration of global markets as 'natural' phenomena that further individual liberty and material progress in the world. Here are three examples (see p. 92).

The problem with this claim is that the globalist message of liberalizing and integrating markets is only realizable through the *political* project of engineering free markets. Thus, globalists must be prepared to utilize the *powers of government* to weaken and eliminate those social policies and institutions that curtail the market. Since only strong governments are up to this ambitious task of transforming existing social arrangements, the successful liberalization of markets depends upon *intervention* and *interference* by centralized state power. Such actions, however, stand in stark contrast to the neoliberal idealization of the limited role of government. Yet, globalists do expect governments to play an extremely active role in implementing their political agenda. The activist character of neoliberal administrations in the United States, the United Kingdom, Australia, and New Zealand during the 1980s and 1990s attests to the importance of strong governmental action in engineering free markets.

Globalization is about the triumph of markets over governments. Both proponents and opponents of globalization agree that the driving force today is markets, which are suborning the role of government.

***Business Week*, 13 December 1999**

One role [of government] is to get out of the way – to remove barriers to the free flow of goods, services, and capital.

Joan Spiro, former US Under-Secretary of State in the Clinton administration

The liberal market economy is by its very nature global. It is the summit of human endeavor. We should be proud that by our work and by our votes we have – collectively and individually – contributed to building it.

Peter Martin, British journalist

Moreover, the claim that globalization is about the liberalization and global integration of markets solidifies as 'fact' what is actually a contingent political initiative. Globalists have been successful because they have persuaded the public that their neoliberal account of globalization represents an objective, or at least a neutral, diagnosis of the very conditions it purports to analyse. To be sure, neoliberals may indeed be able to offer some 'empirical evidence' for the 'liberalization' of markets. But does the spread of market principles really happen because there exists a metaphysical connection between globalization and the expansion of markets? Or does it occur because globalists have the political and discursive power to shape the world largely according to their ideological formula:
LIBERALIZATION + INTEGRATION OF MARKETS = GLOBALIZATION?

Finally, this overly economistic representation of globalization detracts from the multidimensional character of the phenomenon. Cultural and political dimensions of globalization are discussed only as subordinate processes dependent upon the movements of global markets. Even if one were to accept the central role of the economic dimension of globalization, there is no reason to believe that these processes must necessarily be connected to the deregulation of markets. An alternative view might instead suggest linking globalization to the creation of a global regulatory framework that would make markets accountable to international political institutions. Yet, for globalists, the presentation of globalization as an enterprise that liberates and integrates global markets as well as emancipates individuals from governmental control is the best way of enlisting the public in their struggle against those laws and institutions they find most restrictive. As long as they succeed in selling their neoliberal understanding of globalization to large segments of the population, they will be able to maintain a social order favourable to their own interests. For those people who remain sceptical, globalists have another claim up their sleeves. Why doubt a process that proceeds with historical inevitability?

Claim 2: Globalization is inevitable and irreversible

At first glance, the idea of the historical inevitability of globalization seems to be a poor fit for an ideology based on neoliberal principles. After all, throughout the 20th century, liberals and conservatives have levelled reasonable criticisms against Marxists for their determinist claims that devalue human free agency and downplay the ability of non-economic factors to shape social reality. Yet, globalists rely on a similar monocausal, economistic narrative of historical inevitability. According to the globalist interpretation, globalization reflects the inevitable spread of irreversible market forces driven by technological innovations. Let us consider the following statements:

Today we must embrace the inexorable logic of globalization – that everything from the strength of our economy to the safety of our cities, to the health of our people, depends on events not only within our borders, but half a world away . . . Globalization is irreversible.

Bill Clinton, former US President

Globalization is inevitable and inexorable and it is accelerating . . . Globalization is happening, it's going to happen. It does not matter whether you like it or not, it's happening, it's going to happen.

Frederick W. Smith, Chairman and CEO of FedEx Corporation

We need much more liberalization and deregulation of the Indian economy. No sensible Indian businessman disagrees with this . . . Globalization is inevitable. There is no better alternative.

Rahul Bajaj, Indian industrialist

The neoliberal portrayal of globalization as some sort of natural force, like the weather or gravity, makes it easier for globalists to convince people that they must adapt to the discipline of the market if they are to survive and prosper. Hence, the claim of inevitability depoliticizes the public discourse about globalization. Neoliberal policies are portrayed to be above politics; they simply carry out what is ordained by nature. This implies that, instead of acting according to a set of choices, people merely fulfil world-market laws that demand the elimination of government controls. As former British Prime Minister Margaret Thatcher used to say, 'there is no alternative'. If nothing can be done about the natural movement of economic and technological forces, then political groups ought to acquiesce and make the best of an unalterable situation. Resistance would be unnatural, irrational, and dangerous.

The idea of inevitability also makes it easier to convince the general public to share the burdens of globalization, thus supporting an excuse often utilized by neoliberal politicians: 'It is the market that made us cut social programmes.' As German President Roman Herzog put it in a nationally televised appeal, the irresistible pressure of global forces demands that everyone will have to make sacrifices. To be sure, President Herzog never spelled out what kinds of sacrifices will await large shareholders and corporate executives. Recent examples, such as the spectacular collapse of Enron Corporation in the United States, suggest that it is much more likely that sacrifices will have to be borne disproportionately by those workers and employees who lose their jobs or social benefits as a result of neoliberal policies.

Finally, the claim that globalization is inevitable and irresistible is inscribed within a larger evolutionary discourse that assigns a privileged position to certain countries at the forefront of liberating markets from political control. As discussed in Chapter 5, optimistic hyperglobalizers often use globalization as a euphemism that stands for the irreversible Americanization of the world. And so it appears that globalist forces have resurrected the 19th-century paradigm of Anglo-American vanguardism propagated by the likes of Herbert Spencer and William Graham Sumner. The main ingredients of classical market liberalism are all present in globalism. We find inexorable laws of nature favouring Western civilization, the self-regulating economic model of perfect competition, the virtues of free enterprise, the vices of state interference, the principle of *laissez faire*, and the irreversible, evolutionary process leading up to the survival of the fittest.

Claim 3: Nobody is in charge of globalization

Globalism's deterministic language offers yet another rhetorical advantage. If the natural laws of the market have indeed preordained a neoliberal course of history, then globalization does not reflect the arbitrary agenda of a particular social class or group. In that case, globalists merely carry out the unalterable imperatives of a transcendental force. People aren't in charge of globalization; markets and technology are. Certain human actions might accelerate or retard globalization, but in the final analysis, the invisible hand of the market will always assert its superior wisdom. Here are three expressions of this view:

Many on the Left dislike the global marketplace because it epitomizes what they dislike about markets in general: the fact that nobody is in charge. The truth is that the invisible hand rules most domestic markets, too, a reality that most Americans seem to accept as a fact of life.

Paul Krugman, US economist

And the most basic truth about globalization is this: *No one is in charge*. . . We all want to believe that someone is in charge and responsible. But the global marketplace today is an Electronic Herd of often anonymous stock, bond and currency traders and multinational investors, connected by screens and networks.

Thomas Friedman, *New York Times* correspondent and award-winning author

The great beauty of globalization is that no one is in control. The great beauty of globalization is that it is not controlled by any individual, any government, any institution.

Robert Hormats, Vice Chairman of Goldman Sachs International

But Mr Hormats is right only in a formal sense. While there is no conscious conspiracy orchestrated by a single, evil force, this does not mean that nobody is in charge of globalization. The liberalization and integration of global markets does not proceed outside the realm of human choice. As shown in Chapter 3, the globalist initiative to integrate and deregulate markets around the world both creates and sustains asymmetrical power relations. The United States is by far the strongest economic and military power in the world, and the largest TNCs are based in North America. This is not to say that the US rules supremely over these gigantic processes of globalization. But it *does* suggest that both the substance and the direction of globalization are to a significant degree shaped by American domestic and foreign policy.

In short, the claim of a leaderless globalization process does not reflect reality in today's world. Rather, it serves the political agenda of defending and expanding Northern interests while securing the power of affiliated elites in the global South. Like the rhetoric of historical inevitability, the idea that nobody is in charge seeks to depoliticize the public debate on the subject and thus demobilize antiglobalist movements. Once large segments of the population have accepted the globalist image of a self-directed juggernaut that simply runs its course, it becomes extremely difficult to organize resistance movements. As ordinary people cease to believe in the possibility of choosing alternative social arrangements, globalism's capacity to construct passive consumer identities gains even greater strength.

Claim 4: Globalization benefits everyone

This claim lies at the very core of globalism because it provides an affirmative answer to the crucial normative question of whether globalization should be considered a 'good' or a 'bad' thing. Globalists frequently connect their arguments to the alleged benefits resulting from market liberalization: rising global living standards, economic efficiency, individual freedom, and unprecedented technological progress. Here are examples of such claims:

There can be little doubt that the extraordinary changes in global finance on balance have been beneficial in facilitating significant improvements in economic structures and living standards throughout the world . . .

Alan Greenspan, Chairman of the US Federal Reserve Board

Globalization's effects have been overwhelmingly good. Spurred by unprecedented liberalization, world trade continues to expand faster than overall global economic output, inducing a wave of productivity and efficiency and creating millions of jobs.

Peter Sutherland, Chairman of British Petroleum

We are at an optimistic time in our world: the barriers between nations are down, economic liberalism is decidedly afoot and proven to be sound, trade and investment are soaring, income disparities between nations are narrowing, and wealth generation is at record high levels, and I believe likely to remain so.

George David, CEO of United Technologies Corporation

However, Mr David never reveals the ideological assumptions behind his statement. Who exactly is '*we*'? Who '*proved*' neoliberalism '*sound*'? What does '*sound*' mean? In fact, however, there exists solid evidence to the contrary. When the market goes too far in dominating social and political outcomes, the opportunities and rewards of globalization are spread unequally, concentrating power and wealth amongst a select group of people, regions, and corporations at the expense of the multitude. Even data taken from the World Bank suggest that income disparities between nations are actually widening at a quicker pace than ever before in recent history.

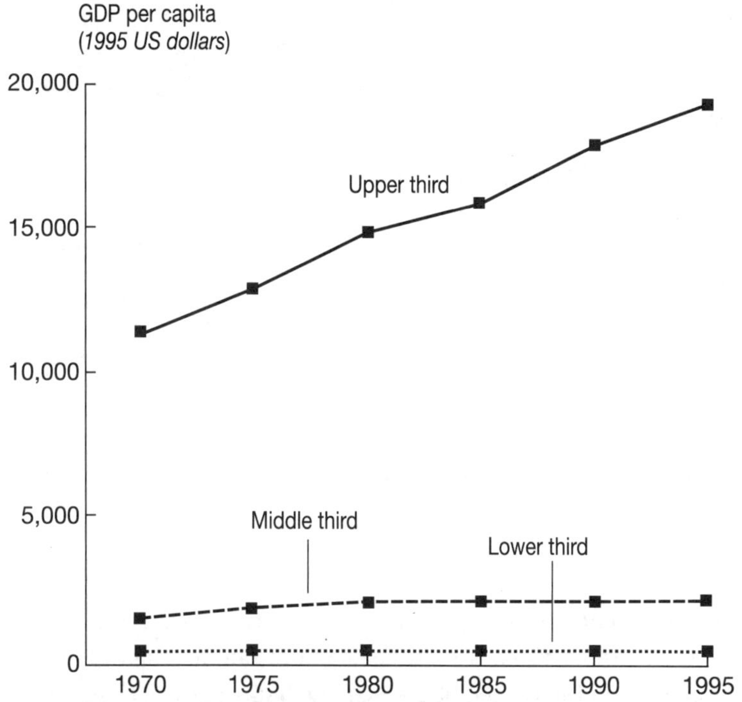

Diverging incomes of rich and poor countries, 1970–95.
Source: World Bank, *World Development Report 1999/2000*.

Data published in the 1999 and 2000 editions of the *UN Human Development Report* show that, before the onset of globalization in 1973, the income ratio between the richest and poorest countries was at about 44 to 1. Twenty-five years later it had climbed to 74 to 1. In the period since the end of the Cold War, the number of persons subsisting below the international poverty line rose from 1.2 billion in 1987 to 1.5 billion today. If current trends persist, their numbers will reach 1.9 billion by 2015. This means that, at the dawn of the 21st century, the bottom 25% of humankind live on less than $140 a year. Meanwhile, the world's 200 richest people have doubled their net worth to more than $1 trillion between 1994 and 1998. The assets of the world's top *three* billionaires are more than the combined GNP of all the least developed countries and their 600 million people.

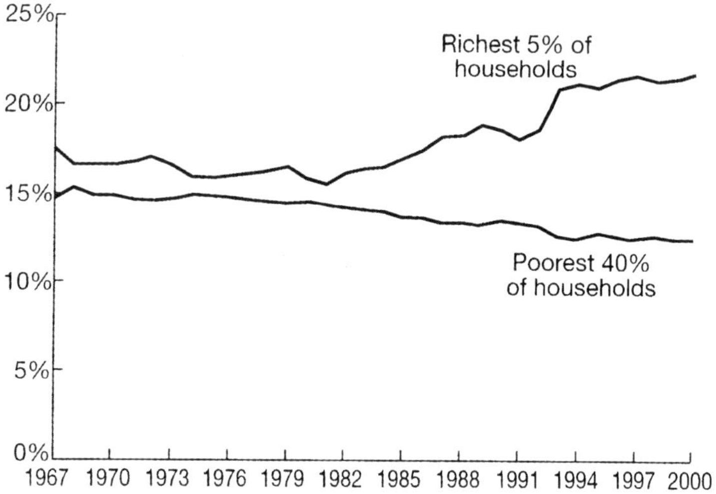

Household shares of aggregate income in the US, 1967–2000.

Source: US Census Bureau, www.census.gov.

The same trend towards growing inequality can be observed even in the world's richest countries. Consider, for example, the widening income gap in the United States (see the figure above).

The number of political action committees in the United States increased from 400 in 1974 to about 9,000 in 2000. Such corporate lobbyists successfully pressure Congress and the President to stay on a neoliberal course. Over one-third of the US workforce, 47 million workers, make less than $10 per hour and work 160 hours longer per year than did workers in 1973. The low US unemployment rate in the 1990s, often cited by globalists as evidence for the economic benefits of globalization, is masked by low wages and millions of part-time labourers who are registered as employed if they work as few as 21 hours a week and cannot get a full-time job. At the same time, the average salary of a CEO employed in a large corporation has risen dramatically. In 2000, it was 416 times higher than that of an average worker. The financial wealth of the top 1% of American households exceeds the combined wealth of the bottom 95% of households, reflecting a significant increase in the last 20 years.

There are numerous other indications confirming that the global hunt for profits actually makes it more difficult for poor people to enjoy the benefits of technology and scientific innovations. For example, there is widespread evidence for the existence of a widening 'digital divide' separating countries in the global North and South.

Global Internet users as a percentage of the regional population, 1998–2000

Country	1998	2000
United States	26.3	54.3
High-income OECD (excl. US)	6.9	28.2
Latin America and the Caribbean	0.8	3.2
East Asia and the Pacific	0.5	2.3
Eastern Europe and CIS	0.8	3.9
Arab states	0.2	0.6
Sub-Saharan Africa	0.1	0.4
South Asia	0.04	0.4
World	2.4	6.7

Source: *UN Human Development Report 2001.*
(OECD: Organization for Economic Cooperation and Development; CIS: Commonwealth of Independent States)

With regard to growing disparities in global health services, consider the story reported by *BBC News* on 31 October 2000:

A group of scientists in the United States recently warned the public that economic globalization may now be the greatest threat to preventing the spread of parasitic diseases in sub-Saharan Africa. They pointed out that US-based pharmaceutical companies are stopping production of many

antiparasitic drugs because developing countries cannot afford to buy them. The US manufacturer of a drug to treat bilharzia, a parasitic disease that causes severe liver damage, has stopped production because of declining profits – even though the disease is thought to affect over 200 million people worldwide. Another drug used to combat damage caused by liver flukes has not been produced since 1979, because the 'customer base' in the global South does not wield enough 'buying power'.

Those few globalists who acknowledge the existence of unequal global distribution patterns usually insist that the market itself will eventually correct these 'irregularities'. They insist that 'episodic dislocations' are necessary in the short run, but that they will eventually give way to quantum leaps in global productivity. In fact, globalists who deviate from the official portrayal of globalization as benefiting everyone must bear the consequences of their criticism. Joseph Stiglitz, the Nobel Prize-winning former chief economist of the World Bank, was severely attacked for publicly criticizing the neoliberal economic policies created by his institution. He argued that the structural adjustment programmes imposed upon developing countries by both the World Bank and the IMF often led to disastrous results. He also noted that 'market ideologues' had used the 1997–8 Asian economic crisis to discredit state intervention and to promote more market liberalization. At the end of 1999, Stiglitz was pressured into resigning from his position. Five months later, his consulting contract with the World Bank was terminated.

Claim 5: Globalization furthers the spread of democracy in the world

This globalist claim is rooted in the neoliberal assertion that free markets and democracy are synonymous terms. Persistently affirmed as 'common sense', the actual compatibility of these concepts often goes unchallenged in the public discourse. Here are three examples:

The level of economic development resulting from globalization is conducive to the creation of complex civil societies with a powerful middle class. It is this class and societal structure that facilitates democracy.

Francis Fukuyama, Johns Hopkins University

The emergence of new businesses and shopping centers in former communist countries should be seen as the backbone of democracy.

Hillary Rodham Clinton, US Senator from New York

The Electronic Herd will intensify pressures for democratization generally, for three very critical reasons – flexibility, legitimacy, and sustainability.

Thomas Friedman, *New York Times* correspondent and award-winning author

These arguments hinge on a conception of democracy that emphasizes formal procedures such as voting at the expense of the direct participation of broad majorities in political and economic decision-making. This 'thin' definition of democracy reflects an elitist and regimented model of 'low-intensity' or 'formal' market democracy. In practice, the crafting of a few democratic elements onto a basically authoritarian structure ensures that those elected remain insulated from popular pressures and thus can govern 'effectively'. Hence, the assertion that globalization furthers the spread of democracy in the world is largely based on a shallow understanding of democracy.

Moreover, this claim must also contend with ample evidence that

In 1989, democratic countries accounted for more than half of all US imports from the global South. Ten years later, with more democracies to choose from, democratic countries supplied barely one-third of US imports from developing countries. And the trend is growing. As more of the world's countries adopt democracy, more American businesses appear to prefer the opposite. These findings raise the important question of whether foreign purchasing and investment decisions by US corporations are actually undermining the chances for the survival of fragile democracies. Why are powerful investors in the rich Northern countries making these business decisions? For one, wages tend to be lower in those regimes than in democracies, giving businesses in those countries a monetary advantage in selling exports abroad. In addition, lower wages, bans on labor unions, and relaxed environmental laws give those regimes an edge in attracting foreign investment.

points in the opposite direction. Let us consider a report released by the New Economic Information Service cited in the *Chicago Tribune*. It suggests that democratic countries are losing out in the race for US export markets and American foreign investments.

Conclusion

A critical examination of the five central claims of globalism suggests that the neoliberal language about globalization is ideological in the sense that it is politically motivated and contributes towards the construction of particular meanings of globalization that preserve and stabilize existing asymmetrical power relations. But the ideological reach of globalism goes far beyond the task of providing the public with a narrow explanation of the meaning of globalization. Globalism consists of powerful narratives that sell an overarching neoliberal worldview, thereby creating collective meanings and shaping people's identities.

Yet, as both the massive antiglobalist protests from Seattle to Genoa and the Al Qaeda terrorist attacks of 11 September 2001 have shown, the expansion of this globalist ideology has encountered considerable resistance. As we shall see in the next chapter, it appears that the first decade of the 21st century is quickly becoming a teeming battlefield of clashing perspectives on the meaning and direction of globalization.

Chapter 7
Challenges to globalism

The dominant ideology of our time, globalism has chiselled into the minds of many people around the world a neoliberal understanding of globalization, which, in turn, is sustained and reconfirmed by powerful political institutions and economic corporations. Yet, no single ideology ever enjoys absolute dominance. Gaps between ideological claims and people's actual experience may usher in a crisis for the dominant paradigm. At such a time, dissenting social groups find it easier to convey to the public their own ideas, beliefs, and practices.

As the 20th century was drawing to a close, antiglobalist arguments began to receive more attention in the public discourse on globalization, a process aided by a heightened awareness of how extreme corporate profit strategies were leading to widening global disparities in wealth and well-being. Between 1999 and 2001, the contest between globalism and its ideological challengers erupted in street confrontations in many cities around the world, climaxing in an unprecedented terrorist attack on the United States that claimed over 3,000 lives. Who are these antiglobalist forces?

Two antiglobalist camps

One sentiment shared by these diverse social forces is their conviction that they must protect themselves and others from the negative consequences of globalization. In this regard, they are all 'protectionists' of some kind. However, it is of the utmost importance to bear in mind that antiglobalist groups pursue a wide range of goals and use different means to advance their political agendas. For example, they differ widely in their respective assessments of the constitutive features of globalization, its causes, and what exactly falls under the category of 'negative consequences'. At the risk of oversimplification, I propose that we divide antiglobalist groups into two large ideological camps, which, in turn, can be further subdivided according to additional criteria.

In the United States, Patrick Buchanan and H. Ross Perot are two prominent representatives of the particularist protectionist position. In Europe, nationalist parties like Jörg Haider's Austrian

Particularist protectionism

Particularist protectionists include groups who blame globalization for most of the economic, political, and cultural ills afflicting their home countries or regions. Threatened by the slow erosion of old social patterns, particularist protectionists denounce free trade, the power of global investors, the neoliberal agenda of multinational corporations, and the Americanization of the world as practices that have contributed to falling living standards and/or moral decline. Fearing the loss of national self-determination and the destruction of their cultures, they pledge to protect their traditional ways of life from those 'foreign elements' they consider responsible for unleashing the forces of globalization. Particularist protectionists are more concerned with the well-being of their own citizens than with the construction of a more equitable international order based on global solidarity.

Freedom Party, Jean-Marie Le Pen's French National Front, and Gerhard Frey's German People's Union have expressed their opposition to 'American-style globalization'. In the global South, one finds similar attitudes in Osama bin Laden's extreme version of Islamism or President Hugo Chávez's Venezuelan brand of national populism. Again, let us keep in mind that these groups must be distinguished not only in terms of their political agendas but also with regard to the means they are willing to employ in their struggle against globalization – means that range from terrorist violence to nonviolent parliamentarian methods.

Universalist protectionism

Universalist protectionists can be found in progressive political parties dedicated to establishing a more equitable relationship between the global North and South. In addition, they include a growing number of non-governmental organizations and transnational networks concerned with the protection of the environment, fair trade and international labour issues, human rights, and women's issues. Challenging the central claims of globalism discussed in the previous chapter, these groups point to the possibility of constructing a new international order based on a global redistribution of wealth and power. Universalist protectionists claim to be guided by the ideals of equality and social justice for all people in the world, not just the citizens of their own countries. They accuse globalist elites of pushing policies that are leading to greater global inequality, high levels of unemployment, environmental degradation, and the demise of social welfare. Calling for a 'globalization from below' favouring the marginalized and poor, they seek to protect ordinary people all over the world from a neoliberal 'globalization from above'.

In the United States, the consumer advocate Ralph Nader has emerged as a leading representative of the universalist protectionist position. In Europe, the spokespersons for established Green parties have long suggested that unfettered neoliberal globalization has resulted in a serious degradation of the global environment. Anarchist groups in Europe and the United States concur with this perspective, but, unlike Nader and the Greens, they are willing to make selective use of violent means in order to achieve their objectives. In the global South, the universalist protectionist perspective is usually represented by democratic-popular movements of resistance against neoliberal policies, such as the Zapatistas in Mexico, the Chipko movement in India, or Haitian President Jean-Bertrand Aristide's poor people's movement. Some of these groups have forged close links to antiglobalist INGOs.

Before we turn to a discussion of major antiglobalist activities in the last few years, let us examine in more detail the most prominent spokespersons of these two antiglobalist camps.

Particularist protectionists

Associated with the right wing of the Republican Party in the United States since the early 1960s, Patrick J. Buchanan sees himself as a patriotic protector of 'hard-working Americans' against corporate elites, recent immigrants, welfare recipients, and minorities enjoying 'special rights'. In recent years, there has been a steep rise in the number of nationalist organizations in America whose antiglobalist rhetoric is even more extreme than Buchanan's nationalism. Groups like the John Birch Society, the Christian Coalition, the Liberty Lobby, and so-called patriot and militia movements are convinced that globalization lies at the root of many social ills in America. Regarding globalism as an alien and godless ideology engulfing their country, they fear that transnational forces are relentlessly eroding the 'traditional American way of life'.

After serious disagreements with leading Republicans on issues of free trade and immigration, Buchanan left his party in 2000 to become the presidential candidate of the populist Reform Party. In his best-selling books and fiery campaign speeches, he refers to his antiglobalist position as 'economic nationalism' – the view that the economy should be designed in ways that serve narrow national interests. He frequently expresses the conviction that there exists at the core of contemporary American society an irrepressible conflict between the claims of American nationalism and the commands of the global economy. In Buchanan's opinion, most mainstream American politicians are beholden to transnational corporate interests that are undermining the sovereignty of the nation by supporting a global governance structure headed by the WTO and other international institutions. He also accuses 'liberal advocates of multiculturalism' of opening the doors to millions of immigrants who are responsible for the economic and moral decline of the United States.

Particularist protectionists in Europe have also warmed to the rhetoric of economic nationalism, which makes it easier for them to

11. Patrick J. Buchanan.

fuel public anxieties over the economic and cultural consequences of globalization. Their targets are international bankers and currency traders, 'footloose capital' and transnational corporations, as well as the EU bureaucracy in Brussels. Considering globalization the greatest threat to national sovereignty and self-determination, right-wing political parties from Spain to Russia are advocating protectionist measures and the re-regulation of international financial markets.

Antiglobalist rhetoric seems to be a particularly effective weapon when combined with the so-called 'foreigner problem'. For many years, the issues of immigration, imported labourers, and the general *Überfremdung* ('over-foreignization') have been important catalysts for the mobilization of public resentment in Austria, Germany, and other European countries, because foreigners represent easily identifiable scapegoats as a threat to the cultural heritage and identity of host countries. Xenophobia usually goes hand in hand with the successful demonization of globalization. European political parties organized around particularist-protectionist themes often attack the globalist claim that globalization is inevitable and irreversible. Echoing Buchanan's language, they call for strong political leaders who would be capable of halting the neoliberal juggernaut. Most of these parties envision the creation of a 'Fortress Europe' consisting of sovereign European nations that would defend their region's political, economic, and cultural independence.

The surge of particularist protectionism in the global North represents an authoritarian response to the economic hardships and cultural dislocations brought about by neoliberal globalization. 'Globalization losers' include industrial workers, small business owners, and small farmers. These groups experience considerable anxiety over the dissolution of secure boundaries and familiar orders. Their political representatives give public voice to the longing for a real or imagined world of cultural uniformity, moral certainty, and national superiority.

Osama bin Laden's radical Islamism, too, harbours a deeply hierarchical and paternalistic streak. Bin Laden projects the image of a charismatic leader and fearless defender of the faith. His religious fundamentalism fuels his struggle against what he considers to be pernicious alien influences. In the Arab world, globalization is usually associated with American economic and cultural dominance. As we noted in Chapter 1, religious organizations like bin Laden's Al Qaeda terrorist network feed on the common perception that Western modes of modernization have not only failed to put an end to widespread poverty in the region, but that they have also enhanced political instability and strengthened secular tendencies in their own societies.

Religious fundamentalism usually begins as a response to what is often experienced as a materialistic assault by the liberal or secular world. Drawing on revivalist themes popularized in the 18th century by theologian Muhammad ibn Abd al-Wahhab, bin Laden and his followers seek to return the Muslim world to a 'pure' and 'authentic' form of Islam – by any means necessary. Their enemies are not merely the American-led forces of globalization, but also those domestic groups who have accepted the alien influences of modernity and imposed them on Muslim peoples. The terrorist methods of Osama bin Laden and his Al Qaeda followers may contradict basic Islamic teachings, but their struggle against globalization finds its ideological sustenance in particularist-protectionist values and beliefs.

Universalist protectionists

A prominent representative of the universalist-protectionist camp in the United States, Ralph Nader enjoys a long-standing reputation as a relentless critic of corporate globalization. By the 1990s, more than 150,000 people were actively involved in his six major non-profit organizations. One of them, *Global Trade Watch*, has emerged as a leading antiglobalist watchdog monitoring the activities of the IMF, the World Bank, and the WTO. During his campaigns for president as the Green Party candidate in 1996 and 2000, Nader presented himself as the protector of democratic principles against the neoliberal forces of globalism. Unlike Buchanan's nationalist version, however, Nader's brand of protectionism refuses to stoke the fires of popular resentment against ethnic minorities, recent immigrants, or welfare recipients. Indeed, he always returns to the idea that globalism must be opposed by an international alliance of egalitarian forces. He also emphasizes that the elimination of poverty and the protection of the environment constitute moral imperatives that ought to transcend the circumscribed territorial frameworks of nation or region.

Nader refuses to accept the globalist claim that globalization equals the liberalization and integration of markets and that this dynamic is inevitable and irreversible. In his view, a successful challenge to

12. Ralph Nader.

globalism is possible, but it requires the building of a nonviolent resistance movement across national borders. Rather than emphasizing the central role of strong political leaders, the Green Party candidate invokes the memory of nonviolent social justice movements in the world, in which ordinary people struggled together to overcome steep concentrations of undemocratic power.

Ralph Nader's organizational network in the United States is part of an emerging global web of INGOs whose members believe that people at the grassroots can change the present neoliberal course of globalization. Today, there exist thousands of these organizations in all parts of the world. Some consist only of a handful of activists, while others attract a much larger membership. For example, the *Third World Network* is a non-profit international network of organizations based in Malaysia with regional offices on all five continents. Its objectives are to conduct research on development issues pertaining to the South and to provide a platform for antiglobalist perspectives at international meetings. The *International Forum on Globalization* is a global alliance of activists, scholars, economists, researchers, and writers formed to stimulate a universalist-protectionist response to globalism. Finally, transnational women's networks draw on women's groups from countries around the world to develop common policy initiatives, typically proposals pertaining to women's rights. Given the fact that many victims of neoliberal structural adjustment programmes are women in the global South, it is not surprising to observe the rapid growth of these organizations.

All of these universalist-protectionist networks started out as small, seemingly insignificant groups of like-minded people. Many of them learned important theoretical and practical lessons from antiglobalization struggles in developing countries, particularly from Mexico's Zapatista rebellion. On 1 January 1994, the day NAFTA went into effect, a small band of indigenous rebels calling themselves the *Zapatista Army of National Liberation* captured four cities in the Chiapas region of southeast Mexico. Engaging in a number of skirmishes with the Mexican army and police over the next few years, the Zapatistas continued to protest the implementation of NAFTA and what their leader Subcomandante Marcos called the 'global economic process to eliminate that multitude of people who are not useful to the powerful'. In addition, the Zapatistas put forward a comprehensive antiglobalist programme that pledged to reverse the destructive consequences of neoliberal free-market policies. Although the Zapatistas insisted that a major part of their struggle related to the restoration of the political and economic rights of indigenous peoples and the poor in Mexico, they also emphasized that the fight against neoliberalism had to be waged globally.

The strategy of antiglobalist protectionists in both the particularist and the universalist camp is to challenge globalism in word and action. Throughout much of the 1990s, it seemed as though such antiglobalist efforts were no match for the dominant neoliberal paradigm. However, in the last few years, globalism has come under sustained attack by opponents from both camps.

From the anti-WTO protests in Seattle to the terrorist attacks on the World Trade Center and the Pentagon

A clear indication of an impending large-scale confrontation between the forces of globalism and its challengers came on 18 June 1999, when various labour, human rights, and environmental groups organized international protests known as 'J 18' to coincide with the G8 Economic Summit in Cologne, Germany. Financial districts of cities in North America and Europe were subjected to well-orchestrated direct actions that included large street demonstrations, as well as more than 10,000 'cyber-attacks' perpetrated by sophisticated hackers against the computer systems of large corporations. In London, a march of 2,000 protesters turned violent, causing dozens of injuries and significant property damage.

Six months later, 40,000 to 50,000 people took part in the anti-WTO protests in Seattle. In spite of the predominance of North American participants, there was also a significant international presence. Activists like José Bové, a French sheep farmer who became an international celebrity for trashing a McDonald's outlet, marched shoulder to shoulder with Indian farmers and leaders of the Philippines' peasant movement. Clearly articulating universalist-protectionist concerns, this eclectic alliance of antiglobalists included consumer activists, labour activists (including students demonstrating against sweatshops), environmentalists, animal rights activists, advocates of Third World debt relief, feminists, and human rights proponents. Criticizing the WTO's neoliberal position on agriculture, multilateral investments, and intellectual property rights, this impressive crowd represented more than 700 organizations and groups.

Alongside these groups, however, there also marched a number of people who represented the particularist-protectionist perspective. For example, Pat Buchanan called on his supporters to join the antiglobalist cause against the WTO. Similarly, hard-edged soldiers of neo-fascism, like the Illinois-based 'World Church of the Creator' founder Matt Hale, encouraged their followers to come to Seattle and 'throw a monkey wrench into the gears of the enemy's machine'. Still, it is safe to say that the vast majority of the demonstrators who gathered in Seattle advanced universalist criticisms of free-market capitalism and corporate globalization. Their main message was that the WTO had gone too far in setting global rules that supported corporate interests at the expense of developing countries, the poor, the environment, workers, and consumers.

On the opening day of the meeting, large groups of demonstrators interrupted traffic in the city centre. They managed to block off the main entrances to the convention centre by forming human chains. Many demonstrators who had been trained in nonviolent methods of resistance called for blocking key intersections and entrances in order to shut down the WTO meeting before it even started. As hundreds of delegates were scrambling to make their way to the conference centre, Seattle police stepped up their efforts to clear the streets. Soon they launched tear gas cans into the crowds – including throngs of people who were peacefully sitting on streets and pavements. Having failed to accomplish their goal a few hours later, the Seattle police employed batons, rubber bullets, and pepper spray stingers against the remaining demonstrators. Some police officers even resorted to such methods as using their thumbs to grind pepper spray into the eyes of their victims and kicking nonviolent protesters in the groin. Altogether, the police arrested over 600 persons. Significantly, the charges against over 500 of them were eventually dismissed. Only 14 cases actually went to trial, ultimately yielding ten plea bargains, two acquittals, and only two guilty verdicts.

To be sure, there were perhaps 200 individuals who, having declined to pledge themselves to nonviolent direct action, delighted in smashing storefronts and turning over garbage cans. Most of these youthful protesters belonged to the 'Black Bloc', an Oregon-based anarchist organization ideologically opposed to free-market capitalism and centralized state power. Wearing dark hoods and black jackboots, Black Bloc members damaged stores that had been identified as engaging in extremely callous business practices. For example, they spared a Charles Schwab outlet, but smashed the windows of Fidelity Investments for maintaining high stakes in Occidental Petroleum, the oil company most responsible for violence against indigenous people in Colombia. They moved against Starbucks because of the company's non-support of fair-traded coffee, but not against Tully's. They stayed away from REI stores, but inflicted damage on GAP outlets because of the company's heavy reliance on sweatshops in Asia.

Negotiations inside the conference centre did not proceed smoothly either. Struggling to overcome the handicap of a late start, the WTO

13. Police use tear gas to push back WTO protesters in downtown Seattle, 30 November 1999.

delegates soon deadlocked over such important issues as international labour and environmental standards. Many delegates from the global South refused to support an agenda that had been drafted by the major economic powers behind closed doors. Caught between two rebellions, one inside and one outside the conference centre, officials sought to put a positive spin on the events. While emphasizing the alleged benefits of free trade and globalization, President Clinton nonetheless admitted that the WTO needed to implement 'some internal reforms'. In the end, the meeting in Seattle failed to produce substantive agreements.

Ironically, the Battle of Seattle proved that many of the new technologies hailed by globalists as the true hallmark of globalization could also be employed in the service of antiglobalist forces and their political agenda. For example, the Internet has enabled the organizers of events like the one in Seattle to arrange for new forms of protest such as a series of demonstrations held simultaneously in various cities around the globe. Individuals and groups all over the world can utilize the Internet to readily and rapidly recruit new members, establish dates, share experiences, arrange logistics, identify and publicize targets – activities that only 15 years ago would have demanded much more time and money. Other new technologies, like mobile phones, allow demonstrators not only to maintain close contact throughout the event, but also to react quickly and effectively to shifting police tactics. This enhanced ability to arrange and coordinate protests without the need of a central command, a clearly defined leadership, a large bureaucracy, and significant financial resources has added an entirely new dimension to the nature of street demonstrations.

In the months following the anti-WTO protests in Seattle, several large-scale demonstrations against neoliberal globalization took place in rapid succession all over the world. Here are some of these events:

Washington, DC, April 2000

Between 15,000 and 30,000 antiglobalist activists from around the world attempted to shut down the semi-annual meetings of the IMF and the World Bank. Although most protesters were nonviolent, 1,300 of them were arrested.

Prague, September 2000

About 10,000 protesters attempted to disrupt the annual meeting of the IMF and the World Bank. Street demonstrations turned violent after some marchers had been injured in confrontations with the police. 400 people were arrested.

Davos, January 2001

Antiglobalist forces descended on the World Economic Forum's annual meeting in the Swiss mountain resort. In what has been described as the country's largest security operation since World War II, thousands of police and military units were placed on high alert. Street battles between police and demonstrators led to dozens of injuries and hundreds of arrests. The harsh treatment of peaceful protesters received intense criticism from within Switzerland and abroad.

Quebec City, April 2001

Over 30,000 antiglobalist protesters marched at the Summit of the Americas. Violent street confrontations erupted between police and some demonstrators. Over 400 people were arrested.

London, May 2001

Thousands of antiglobalist protesters marched through London's main shopping area. Disciplined police units and nonviolent demonstrators managed to avoid serious clashes.

Gothenburg, June 2001

Thousands of people demonstrated against globalism at the European Union Summit in Sweden. Peaceful marches turned violent and three protesters were shot with live ammunition. The city's main shopping street was seriously damaged. About 500 people were arrested.

Genoa, July 2001

100,000 antiglobalist demonstrators descended on the G8 Summit in Italy. The protests turned violent when a small group of anarchists got into running battles with police. Dozens of people were injured, and one protester was shot dead by police.

Preparations for similar large-scale demonstrations against the autumn meetings of the IMF and World Bank were underway on 11 September 2001, when three hijacked commercial airliners hit, in short succession, the World Trade Center in New York and the Department of Defense's Pentagon Building in Washington, DC. A fourth plane crashed in Pennsylvania before the hijackers were able to reach their intended target. Over 3,000 innocent people perished in less than two hours, including hundreds of heroic New York police and firefighters trapped in the collapsing towers of the World Trade Center.

In the weeks following the attacks, it became clear that the operation had been planned and executed years in advance by the

14. The burning twin towers of the World Trade Center, moments before their collapse on 11 September 2001.

Al Qaeda terrorist network. In several videotapes that surfaced in subsequent months, Osama bin Laden left no doubt that his organization had committed these atrocities in response to various manifestations of globalization: the expansion of the American military around the globe, especially the presence of US military bases in Saudi Arabia; the internationalization of the 1991 Gulf War; the escalation of the Palestinian-Israeli conflict; the 'paganism' of the modern world; and the 80-year history of 'humiliation and disgrace' perpetrated against the 'Islamic Nation' by 'international infidels'. Dividing the world's population into 'those who resort to the Almighty' and 'those who refuse to be subdued in His religion', Osama bin Laden's declaration of war against the American-led 'international infidels' embodies the particularist-protectionist impulse in its most extreme form.

No doubt, the events of 11 September 2001 gave an unexpected jolt to the struggle over the meaning and the direction of globalization. As US President George W. Bush made clear in his televised address to Congress nine days after the attacks, the war on terrorism is bound to be a lengthy conflict of global proportions. Will it lead to more extensive forms of international cooperation and interdependence, or will it stop the powerful momentum of globalization? The expansion of the War on Terror to Iraq in Spring 2003 certainly does not seem to bode well for the prospects of enhanced global cooperation. As American and British troops have become bogged down in a lengthy and costly guerilla war, the dark side of globalization – intensifying cultural tensions and growing economic inequality – appears to be gaining the upper hand. Let us turn to the concluding pages of this book for a brief speculation on the future of globalization.

Chapter 8
Assessing the future of globalization

On first thought, it seems highly implausible that even an expanding 'war on terrorism' could stop, or slow down, such a powerful set of social processes as globalization. Yet, there are already some early warning signs. More intense border controls and security measures at the world's major air and seaports have made travel and international trade more cumbersome. Calls for tightening national borders and maintaining sharp cultural divisions can be heard more frequently in public discourse. Belligerent patriotic sentiments are on display all over the world.

A close look at modern history reveals that large-scale violent confrontations were capable of stopping and even reversing previous globalization trends. As we noted in Chapter 2, the period from 1860 to 1914 constituted a 'Golden Age' of globalization, characterized by the unprecedented development of transportation and communication networks, the rapid growth of international trade, and a huge flow of capital. But globalization was capitalistic and imperialistic in character, involving the transfer of resources from the colonized global South in exchange for European manufactures. Great Britain, the world's sole superpower, had spread its political system and cultural values across the globe. However, these sustained efforts to engineer a single global market under the auspices of the British Empire resulted in a severe backlash against globalization that culminated in the outbreak of World War I.

In an important study on this subject, the late political economist Karl Polanyi locates the origins of the social crises that gripped the world during the first half of the 20th century in ill-conceived efforts to liberalize and globalize markets. Commercial interests came to dominate society by means of a ruthless market logic that effectively disconnected people's economic activities from their social relations. The principles of the free market destroyed complex social relations of mutual obligation and undermined communal values such as civic engagement, reciprocity, and redistribution. As large segments of the population found themselves without an adequate system of social security and communal support, they resorted to radical measures to protect themselves against market globalization. Polanyi notes that European antiglobalist movements eventually gave birth to political parties that forced the passage of protective social legislation on the national level. After a prolonged period of severe economic dislocation following the end of the Great War, the particularist-protectionist impulse experienced its most extreme manifestations in Italian fascism and German National Socialism. In the end, the liberal-globalist dream of subordinating the whole world to the requirements of the free market had generated an equally extreme counter-movement that turned markets into mere appendices of the totalitarian state.

The applicability of Polanyi's analysis to the current situation seems obvious. Like its 19th-century predecessor, today's version of globalism also represents a gigantic experiment in unleashing economic deregulation and a culture of consumerism on the entire world. But as we have seen in the previous chapter, the rise of neoliberal globalization has not gone unchallenged. The antiglobalist forces of the 21st century – especially in their violent particularist-protectionist manifestation – seem to be capable of attracting millions of disaffected globalization losers who are willing to employ violent means in order to achieve their political ends. Hence, it is quite conceivable that the Al Qaeda attacks on the World Trade Center and the Pentagon were only the opening salvos of a widening global war waged by the US government and its allies against a growing list of terrorist organizations and their supporters around the world. Such a grim backlash scenario would put the brakes on globalization.

On the other hand, it is also possible that the ongoing efforts to contain these violent forces of particularist protectionism might actually increase international cooperation and encourage the forging of new global alliances. In order to eradicate the primary social causes of terrorism, the global North might be willing to replace the dominant neoliberal version of globalization with a substantive reform agenda designed to reduce the existing disparities in global wealth and well-being. Unfortunately, despite their encouraging reassurances to put a 'human face' on their predatory version of globalization, many globalists have remained within the parameters of their corporate agenda. If implemented at all, their proposed 'reforms' remain largely symbolic in character.

For example, in the wake of the Seattle demonstrations, representatives of the wealthy countries joined the WTO Secretary General in assuring audiences worldwide that they would be willing to reform the economic institution's rules and structure in the direction of greater transparency and accountability. Yet, three years later, no concrete steps have been taken to honour these commitments. Granted, the WTO has been holding special General Council sessions to comply with the urgent requests of developing countries to review several of its questionable procedures. Yet, the spokespersons of the powerful governments in the global North that dominate the WTO have made it clear that they consider existing arrangements as legally binding. In their view, procedural problems can only be addressed in the context of a new, comprehensive round of multilateral negotiations conducted according to the very rules that are being contested by many developing countries and universalist-protectionist organizations.

This new strategy of fortifying the globalist paradigm with a new rhetoric of mild reformism might work for a relatively short period. But in the long run, the growth of global inequality and the persistence of social instability harbours the potential to unleash reactionary social forces that dwarf even those responsible for the suffering of millions during the 1930s and 1940s. Indeed, as recent events have shown, globalization's very survival will depend on its radical transformation. In order to prevent a further escalation of the violent confrontation between globalism and its opponents, world leaders must design and implement a comprehensive 'Global New Deal'.

Serious attempts to build networks of solidarity around the world lie at the very heart of this Global New Deal. The most important element of such a grand bargain must be a sincere commitment on the part of wealthy countries to improve North-South equity. In January 2002, the Summit of the World Social Forum in Brazil – the universalist-protectionist alternative to the neoliberal World Economic Forum in Davos – drew over 50,000 participants who discussed a plethora of specific proposals to transform the current shape of globalization with regard to global governance, social and economic equality, and human rights. Concrete policy proposals included, but were not limited to, the following items that I listed on p. 128.

Without question, the terrorist attacks of 11 September and the ensuing War on Terror in Afghanistan and Iraq have seriously impacted the shape and direction of those social processes that go by the name of globalization. Humanity has reached yet another critical juncture. Lest we are willing to let global inequality climb to levels that virtually ensure new recruits for the violent forces of particularist protectionism, we must link the future course of globalization to a profoundly reformist agenda. As I have

1. **A 'Marshall Plan' for the global South that includes a blanket forgiveness of all Third World Debt**
2. **Levying of a tax on international financial transactions**
3. **Abolition of offshore financial centres that offer tax havens for wealthy individuals and corporations**
4. **Implementation of stringent global environmental agreements**
5. **Implementation of a more equitable global development agenda**
6. **Establishment of a new world development institution financed largely by the global North through such measures as a financial transaction tax and administered largely by the global South**
7. **Establishment of international labour protection standards, perhaps as clauses of a profoundly reformed WTO**
8. **Greater transparency and accountability provided to citizens by national governments and international institutions**
9. **Making all governance of globalization explicitly gender sensitive**

emphasized throughout this book, there is nothing wrong with greater manifestations of social interdependence that emerge as a result of globalization. However, these transformative social processes must challenge the current oppressive structure of global apartheid that divides the world into a privileged North and a disadvantaged South. If that happens, globalization will have ushered in a truly democratic and egalitarian global order.

References

There is a great deal of academic literature on globalization, but many of these books are not easily accessible to those who are just setting out to acquire some knowledge of the subject. However, readers who have already digested the present volume may find it easier to approach some of the academic works listed below. While these books do not exhaust the long list of publications on the subject, they nonetheless represent what I consider to be the most appropriate sources for further reading. Indeed, my own writing on globalization has greatly benefited from consulting these works. Some of them have influenced the arguments made in the present volume. Following the overall organization of this series, however, I have kept direct quotations to a minimum. Still, I wish to acknowledge my debt to the authors below, whose intellectual contributions to this book are not always obvious from the text.

Chapter 1

Among the most influential academic books on globalization are Anthony Giddens, *The Consequences of Modernity* (Polity Press, 1990) and *Runaway World* (Routledge, 2000); Fredric Jameson and Masao Miyoshi (eds.), *The Cultures of Globalization* (Duke University Press, 1998); David Held, Anthony McGrew, David Goldblatt, and Jonathan Perraton (eds.), *Global Transformations* (Stanford University Press, 1999); Roland Robertson, *Globalization* (Sage Publications, 1992); James H. Mittelman (ed.), *Globalization* (Lynne Rienner, 1996) and *The Globalization Syndrome* (Princeton University Press, 2000); Martin

Albrow, *The Global Age* (Stanford University Press, 1997); Malcolm Waters, *Globalization*, 2nd edn. (Routledge, 2001); and Jan Aart Scholte, *Globalization* (St Martin's Press, 2000).

Manuel Castells' three-volume set, *The Information Age* (Blackwell, 1996–8), constitutes one of the most comprehensive attempts to map the contours of the global information age. Perhaps the most sophisticated critique of globalization theory is contained in Justin Rosenberg's *The Follies of Globalisation Theory* (Verso, 2000). For representative collections of influential essays and excerpts on globalization, see Frank J. Lechner and John Boli (eds.), *The Globalization Reader* (Blackwell, 2000); and Patrick O'Meara, Howard D. Mehlinger, and Matthew Krain (eds.), *Globalization and the Challenges of the New Century* (Indiana University Press, 2000). David Held and Anthony McGrew's *The Global Transformation Reader* (Polity Press, 2000) provides an excellent introduction to the academic globalization debate.

More information on the nature and role of the commercial enterprises mentioned in the chapter can be found on the Internet: www.tbsjournal.com/Jazeera; www.timex.com; www.kalashnikov.guns.ru.

The parable of the blind scholars and the elephant most likely originated in the Pali Buddhist Udana, a collection of Buddhist stories compiled in the 2nd century BCE. The many versions of the parable spread to other religions as well, especially to Hinduism and Islam.

Chapter 2

My discussion in the early part of this chapter has greatly benefited from the arguments made in Jared Diamond's Pulitzer Prize-winning book *Guns, Germs, and Steel* (WW Norton, 1999). I further recommend two general surveys of world history: J. M. Roberts, *A Short History of the World* (Oxford University Press, 1993); and Howard Spodek's college textbook *The World's History*, 2nd edn. (Prentice Hall, 2001).

Held's *Global Transformations* and Scholte's *Globalization* provide useful periodizations of globalization. The best translation of *The Communist Manifesto* can be found in Terrell Carver (ed.), *Marx: Later Political Writings* (Cambridge University Press, 1996).

Chapter 3

Short, accessible introductions to economic globalization include Wayne Ellwood, *The No-Nonsense Guide to Globalization* (New Internationalist Publications, 2001); Sarah Anderson and John Cavanagh with Thea Lee, *Field Guide to the Global Economy* (The New Press, 2000); Kavaljit Singh, *Taming Global Financial Flows* (Zed Books, 2000); and Edward Luttwak, *Turbo-Capitalism* (HarperCollins, 1999). More academic accounts include Robert Gilpin, *Global Political Economy* (Princeton University Press, 2001); Paul Hirst and Grahame Thompson, *Globalization in Question*, 2nd edn. (Polity Press, 1999); Ankie Hoogvelt, *Globalization and the Postcolonial World*, 2nd edn. (The Johns Hopkins University Press, 2001); Will Hutton and Anthony Giddens (eds.), *Global Capitalism* (The Free Press, 2000); and Leslie Sklair, *The Transnational Capitalist Class* (Blackwell, 2001).

An enlightening and very readable study of the Internet's pivotal role in our age of globalization is provided by Manuel Castells in *The Internet Galaxy* (Oxford University Press, 2001).

The best sources for data on economic globalization are the annual editions of the UN *Human Development Report* (Oxford University Press), and the World Bank's *World Development Report* (Oxford University Press).

Chapter 4

David Held's seven points describing the Westphalian model can be found in Held *et al.*, *Global Transformations*, pp. 37–8. My own discussion of political globalization has greatly benefited from insights contained in Chapter 1 of Held's study.

For the arguments of hyperglobalizers, see Lowell Bryan and Diana Farrell, *Market Unbound* (John Wiley & Sons, 1996); Kenichi Ohmae, *The End of the Nation-State* (The Free Press, 1995) and *The Borderless World* (Harper Business, 1990); and Lester Thurow, *The Future of Capitalism* (William Morrow, 1996).

For the arguments of the globalization sceptics, see Ethan B. Kapstein, *Sharing the Wealth* (WW Norton, 1999); Peter Gowan, *The Global Gamble* (Verso, 1999); Daniel Singer, *Whose Millennium?* (Monthly Review Press, 1999); and Linda Weiss, *The Myth of the Powerless State* (Cornell University Press, 1998).

Saskia Sassen's important work on international migration and global cities contains both sceptical and hyperglobalist arguments. See, for example, *Losing Control? Sovereignty in an Age of Globalization* (Columbia University Press, 1996).

On the topic of global politics and governance, see Vincent Cable, *Globalization and Global Governance* (The Royal Institute of International Affairs, 1999); Raimo Väyrynen, *Globalization and Global Governance* (Rowman & Littlefield, 1999); Richard Falk, *Predatory Globalization* (Polity Press, 1999); David Held, *Democracy and the Global Order* (Stanford University Press, 1995); and Daniele Archibugi, David Held, and Martin Koehler (eds.), *Re-Imagining Political Community* (Stanford University Press, 1998).

David Held's elements of cosmopolitan democracy are taken from Daniele Archibugi and David Held (eds.), *Cosmopolitan Democracy* (Polity Press, 1995), pp. 96–120.

Chapter 5

For two comprehensive studies on the cultural dimensions of globalization, see John Tomlinson, *Globalization and Culture* (University of Chicago Press, 1999); and Fredric Jameson and Masao Miyoshi (eds.), *The Cultures of Globalization* (Duke University Press, 1998).

For the arguments of pessimistic hyperglobalizers, see Benjamin Barber, *Jihad vs. McWorld* (Ballantine, 1996); Serge Latouche, *The Westernization of the World* (Polity Press, 1996); and George Ritzer, *The McDonaldization of Society* (Pine Forge Press, 1993).

For the arguments of optimistic hyperglobalizers, see Francis Fukuyama, 'Economic Globalization and Culture: An Interview with Dr. Francis Fukuyama' at www.ml.com/woml/forum/global2.html; and Thomas Friedman, *The Lexus and the Olive Tree* (Anchor, 2000).

For the arguments of the sceptics, see Arjun Appadurai, *Modernity At Large* (University of Minnesota Press, 1996); Ulf Hannerz, *Transnational Connections* (Routledge, 1996); and Roland Robertson, *Globalization* (Sage, 1992).

For the role of the media, see Robert W. McChesney and Edward S. Herman, *The Global Media* (Cassell, 1997); and David Demers, *Global Media* (Hampton Press, 1999).

The figures on TV advertising are taken from Television Bureau of Advertising, 'Advertising Volume in the United States', *www.tvb.org*; and Mass Media News, 'Two TV Networks Running 15 Minutes of Ads,', www.taa.winona.msus.edu/mediaupdate/00/11nov.html.

Accessible introductions to globalization and the environment include Hilary French, *Vanishing Borders* (WW Norton, 2000); and Chapter 8, 'Catastrophe in the Making: Globalization and the Environment' in Held *et al.*, *Global Transformations*.

Chapter 6

Portions of this chapter have been adapted from my *Globalism* (Rowman & Littlefield Publishers, 2002). The sources of citations offered in the text boxes of this chapter can also be found in *Globalism*. For additional viewpoints on globalization and ideology, see Pierre Bourdieu, *Acts of Resistance* (The New Press, 1998); Mark Rupert,

Ideologies of Globalization (Routledge, 2000); and Thomas Frank, *One Market Under God* (Doubleday, 2000).

The poll numbers are taken from Aaron Bernstein, 'Backlash: Behind the Anxiety Over Globalization', *Business Week* (24 April 2000): 44. The *Business Week*-Harris poll on globalization was conducted by Harris Interactive 7–10 April 2000. A total of 1,024 interviews were conducted.

Chapter 7

For a more detailed analysis of the two antiglobalist camps, see my *Globalism*, Chapter 4. For readable accounts of various antiglobalist movements and their recent activities, see Alexander Cockburn, Jeffrey St Clair, and Allan Sekula, *5 Days That Shook the World* (Verso, 2000); and Kevin Danaher and Roger Burbach (eds.), *Globalize This!* (Common Courage Press, 2000).

For various perspectives on the role of WTO, see Jeffrey J. Schott, *The WTO After Seattle* (Institute for International Economics, 2000); Sarah Anderson (ed.), *Views from the South* (First Food Books, 2000); and Lori Wallach and Michelle Sforza, *The WTO* (Seven Story Press, 1999).

Chapter 8

For the discussion of the backlash against globalization in the interwar period, see Karl Polanyi, *The Great Transformation* (Beacon Press, 1944). For accessible and detailed descriptions of the reformist agenda, see Hazel Henderson, *Beyond Globalization* (Kumerian Press, 1999); Jeremy Brecher, Tim Costello, and Brendan Smith, *Globalization From Below* (Southend Press, 2000); and Martin Khor, *Rethinking Globalization* (Zed Books, 2001).

“牛津通识读本”已出书目

古典哲学的趣味
人生的意义
文学理论入门
大众经济学
历史之源
设计，无处不在
生活中的心理学
政治的历史与边界
哲学的思与惑
资本主义
美国总统制
海德格尔
我们时代的伦理学
卡夫卡是谁
考古学的过去与未来
天文学简史
社会学的意识
康德
尼采
亚里士多德的世界
西方艺术新论
全球化面面观
简明逻辑学
法哲学：价值与事实
政治哲学与幸福根基
选择理论
后殖民主义与世界格局
福柯
缤纷的语言学
达达和超现实主义
佛学概论
维特根斯坦与哲学
科学哲学
印度哲学祛魅
克尔凯郭尔
科学革命
广告
数学
叔本华
笛卡尔
基督教神学
犹太人与犹太教
现代日本
罗兰·巴特
马基雅维里
全球经济史
进化
性存在
量子理论
牛顿新传
国际移民
哈贝马斯
医学伦理
黑格尔
地球
记忆
法律
中国文学
托克维尔
休谟
分子
法国大革命
丝绸之路
民族主义
科幻作品
罗素
美国政党与选举
美国最高法院
纪录片
大萧条与罗斯福新政
领导力
无神论
罗马共和国
美国国会
民主
英格兰文学
现代主义
网络
自闭症